Slowenien

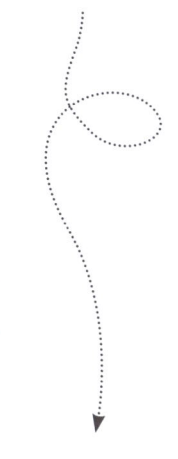

Dieter Schulze

Inhalt

3

Das Beste zu Beginn

Piazza mit Palazzi

Der Piraner Tartini-Platz beflügelt: Das große Oval mit gleißend hellem Marmorboden macht den Gang tänzerisch, nur Schönes erblickt das über die hellen Fassaden streifende Auge. Das Meer ist zum Greifen nah: Sie sehen und Sie riechen es, hören das Möwengeschrei. Schon früh öffnet ein Terrassencafé – genießen Sie die Leichtigkeit des Seins!

Slowenisch-Slow

Kühe auf der Weide sind kein Marketing-Gag, sondern vielerorts Wirklichkeit. Lassen Sie sich einen Becher Sauermilch mit einer dicken Sahneschicht auf der Zunge zergehen! Und dann probieren Sie luftgetrockneten, hauchdünn aufgeschnittenen Pršut-Schinken, kräftigen Bergkäse und zum Abschluss einen Kräuter- oder Obstschnaps! In Slowenien sind die Mini-Höfe noch in der Mehrzahl. Sie produzieren traditionell in Bio-Qualität – der Einsatz von Chemie rentiert sich für die kleinen Flächen nicht.

Unter Tage

Slowenien ist wie ein Schweizer Käse: Wohin man auch sticht, sind Löcher – etliche davon riesengroß und labyrinthisch verzweigt, andere von Wildwasser durchflossen. Zum Schaustück wurden die Grotten von Postojna, wo Sie in einer Mini-Elektrobahn durch eine verzauberte Welt von Stalaktiten und Stalagmiten sausen. Zu Fuß unterwegs sind Sie im Canyon von Škocjan, in dem es unentwegt plätschert, rauscht und braust.

Wandern am Wasser

Hinauf auf die Gipfel – schön und gut. Doch es geht auch noch anders. Wie wäre es zur Abwechslung mal damit, sich dem Lauf der Flüsse anzuvertrauen, die sich durch Felsspalten zwängen? In der Vintgar-Klamm bei Bled bewundern Sie alle Schattierungen von Grün, in Tolmin schillert das kristallklare Nass blau und türkis. Und bei Kobarid endet der Schluchtenweg in einer fantastischen Wassergrotte. Kleine Wasserfälle sind immer mit von der Partie.

Seen umrunden

Der Anblick der Seen ist eine Augenweide: In Bohinj spiegeln sich schroffe Zweitausender im kristallklaren Wasser, in Bled ist das Klippenufer von einer Burg gekrönt – und Gondolieri staken ihre Gäste zur Kircheninsel. Bei einer Runde um die Seen können Sie die Bilder auf sich wirken lassen.

Stopp an der Hütte

Die Passstraße ins Soča-Tal, eine Kurve jagt die nächste! Aber dann, an der Hütte Koča na Gozdu, endlich ein Halt. Sie werfen sich in den noch freien Liegestuhl und schauen auf eine wilde Szenerie: Graue Granit-Giganten schießen senkrecht in die Höhe, zwischen ihren zerfetzten Flanken liegen erstarrte Felslawinen. Man kann sich kaum satt sehen, doch schon hinter der nächsten Serpentine locken weitere berauschende Ausblicke.

An der Ljubljanica

Alles drängt an den Fluss, wo sich die Hauptstadt von der schönsten Seite zeigt: Elegante Brücken spannen sich übers Wasser, die Ufer sind von luftigen Säulenkolonnaden gesäumt. Wo lässt es sich angenehmer sitzen? Zauber entfaltet der Fluss auch an lauen Sommerabenden: Dann wird auf schwimmenden Pontons Salsa getanzt – und jeder ist willkommen!

Herbstliche Gemütlichkeit

Nach der Weinlese sprießen sie wie Pilze aus dem Boden: Ein großer Tisch im Garten, dazu ein paar klapprige Stühle – fertig ist die Buschenschänke! Vor allem im Osten des Landes werden im Herbst die Winzer zu Wirten: Zum jungen Tropfen servieren sie allerlei Essbares. Die Stimmung ist ausgelassen und der Wein fließt in Strömen.

Wenn Sie mich treffen wollen, finden Sie mich bei Wanderungen im Soča-Tal, im Italo-Ambiente von Piran oder in einem der schönen Terrassencafés am Fluss in Ljubljana!

Fragen? Erfahrungen? Ideen?

Ich freue mich auf Post.

Mein Postfach bei DuMont:
schulze@dumontreise.de

Das ist Slowenien

»So klein ist das Land«, witzeln die Slowenen, »dass ein gut genährtes
Huhn mit Leichtigkeit darüber hinwegfliegen könnte.« Tatsächlich ist
Slowenien nur halb so groß wie die Schweiz und wird von nicht mal zwei
Millionen Menschen bewohnt. Mit seinen riesigen Wäldern und sauberen
Gewässern zählt es zu den grünsten Gebieten in Europa. Die Vielfalt der
Landschaften erstaunt: Gebirgsketten und verkarstete Plateaus, Höhlen-
labyrinthe und glitzernde Seen, Weinstraßen und ein nicht gerade langes,
aber doch bemerkenswertes Stück Küste.

Zwischen Alpen und Adria

Die meisten Touristen reisen über die Alpen ein: Sie fahren via Kranjska
Gora durchs Soča-Tal zur Küste oder via Bled in die Hauptstadt Ljubljana.
Die Landschaft im Alpenraum wirkt vertraut, sieht gar nicht so viel anders
aus als die in Oberbayern, Kärnten oder der Steiermark: Man schaut auf
schneebedeckte Gipfel und saftig-grüne Wiesen, picobello saubere Bil-
derbuchdörfer und kleine Kapellen am Wegesrand. Zentrum der Julischen
Alpen ist der Triglav-Nationalpark: ein Ensemble von mächtigen Gipfeln,
rauschenden Wasserfällen und kristallklaren Flüssen. Höchster Berg ist mit
2863 m der legendäre, dreigesichtige Triglav, der aus allen Himmelsrichtungen bestiegen werden kann.

Mit dem Auto braucht man drei Stunden, um von den Alpen zur Adria hi-
nabzufahren. Alle Orte rund um den Golf von Triest sind venezianisch geprägt, über 500 Jahre lang gehörten sie zur Lagunenstadt. An der 47 km
langen Küste liegen die historischen Städte Piran (📖 A 7), Izola (📖 B 7)
und Koper (📖 B 7) – mit berühmten Kulturdenkmälern, Zeugnissen einer
dynamischen Geschichte. In ihrem Umkreis gibt es attraktive Badebuchten,
bei Strunjan (📖 B 7) fallen Klippen senkrecht zur Küste ab.

Wer weiten Sandstrand bevorzugt, wählt den Ort Portorož (📖 B 7): Bereits
im 19. Jh. kamen Gäste hierher und verbanden den Urlaub mit einem
Kuraufenthalt.

Herber Karst

Ein paar Kilometer landeinwärts bietet sich ein vollkommen anderes Bild:
Eine 100 m hohe, weißgraue Kalksteinwand markiert die geologische
und klimatische Grenze zum Karst (kras = steinerner Boden). Diesseits
überwiegen die sanft gerundeten Formen des Flysch-Gesteins, und die
Winde sind angenehm mild. Jenseits öffnet sich das Hochplateau einer Gebirgslandschaft, deren Oberfläche von Graten und Rinnen zerfurcht ist. Im
Sommer sind die Hänge von der sengenden Sonne ausgeglüht, im Winter
vom kalten Wind der Bora nahezu leergefegt. Auf den Bergkuppen kauern
mittelalterliche, aus Bruchstein errichtete Wehrdörfer – Oasen der Stille, in
denen heute nur noch wenige Menschen leben.

Der Karst birgt viele Geheimnisse: Dunkle Seen verschwinden über Nacht
von der Erdoberfläche, es gibt märchenhafte Höhlen und unterirdische
Flüsse. Die tiefste Grotte liegt 1000 m unter der Erde, eine ist gar mehr als

Eine Postkartenschönheit: der See von Bled mit Kircheninsel und Klippenburg, im Hintergrund die Karawanken

20 km lang. Spektakulär sind vor allem die Höhlen von Škocjan (Škocjanske Jame) und die Adelsberger Grotte (Postojnska Jama, 🗺 C 6).

Ljubljana und der Osten

Unbestrittenes Herz des Landes ist das kosmopolitische Ljubljana (🗺 D 4/5): eine ›Perle des Barock‹, wo sich alles, was schön ist, zu Fuß erreichen lässt. Die beschwingte Architektur sorgt zusammen mit dem jugendlichen Lebensstil für ein ungewöhnliches Stadterlebnis. Südlich und östlich von Ljubljana geht der Karst in bewaldetes Mittelgebirge über.

An Flüssen wie Krka und Sava liegen kleine Städte, aber auch mächtige Burgen und befestigte Klöster. Sie erinnern daran, dass die Gegend einst Grenzland war, ein Bollwerk des christlichen Abendlandes gegen das auf dem Balkan vorrückende Osmanische Reich. Vielerorts sieht man steile Weinhänge, die sich bis Prekmurje, dem ›Land jenseits der Mur‹, ausdehnen.

Der älteste Rebstock der Welt ist über 400 Jahre alt und wächst in Maribor (🗺 G 2), der Hauptstadt von Štajerska (Steiermark). Unter ihrem historischen Zentrum liegen die größten Weinkeller Mitteleuropas – düstere, labyrinthartige Gewölbe, in denen die edlen Tropfen in großen Eichenfässern ruhen. Und fährt man aus der Stadt heraus, kommt man in eine wunderbar liebliche, hügelige Landschaft: Jeder noch so kleine Ort produziert seinen eigenen Tropfen, und manch einer erreicht Spitzenqualität.

Slowenien in Zahlen

37
% des Landes stehen unter Naturschutz – in Deutschland und Österreich sind es nur 15 %.

46,6
km Küste – mehr gibt's leider nicht.

57,8
% der Slowenen sind katholisch.

62,3
% des Landes sind von Wäldern bedeckt, nur Schweden und Finnland haben mehr.

99
Stufen geht's zur Inselkirche im Bleder See hinauf – dann können Sie die Wunschglocke läuten.

222
m lang ist die Salcano-Eisenbahnbrücke auf der Strecke von Bohinj ins Soča-Tal – keine Bahnbrücke der Welt ist länger.

248,5
m – diese Rekordweite sprang der Slowene Peter Prevs auf der Skischanze in Planica.

330
km lang ist die Grenze zu Österreich.

362
m hoch ragt der Schornstein des Wärmekraftwerks in Trbovlje – ein Versuch, die Luftverschmutzung in niedrigeren Luftschichten zu verhindern.

+386

lautet die Vorwahl Sloweniens.

400

t Olivenöl werden jährlich
erzeugt.

500

Braunbären durchstreifen Slowenien – inzwischen vielleicht
schon ein paar weniger ...

2104

ökologisch wirtschaftende
Bauernhöfe gibt es im Land, auf
jedem dritten kann man Urlaub
machen.

2864

m hoch ist der Triglav, der
höchste Berg Sloweniens.

3000

Kirchen, Kapellen und liturgi-
sche Bildstöcke – nur in Polen
gibt es pro Einwohner mehr.

7000

km alpine Wanderwege stehen
Naturliebhabern offen – mit 165
Berghütten und Biwaks.

20 273

km² Fläche – damit ist Slowenien
so groß wie Hessen und halb so
groß wie die Schweiz.

1 200 000

Bäume werden jedes Jahr gepflanzt.

2 064 241

Bewohner zählt das Land.

4000
Winzer widmen sich dem
Weinbau.

9

So schmeckt Slowenien

Slowenien ist das EU-Land mit den meisten Bio-Bauern. Sie versorgen die Märkte mit Regionalprodukten, aus denen herzhafte Hausmannskost entsteht. Doch auch feines Slow Food ist auf dem Vormarsch: Kreative Köpfe schaffen aus erstklassigen Zutaten fantasievolle Kreationen. Die kulturelle Vielfalt Sloweniens spiegelt sich in der Esskultur – die Palette reicht von österreichisch über ungarisch und italienisch bis zu balkanisch.

Regionale Vielfalt

Vielleicht wollen Sie Ihre Urlaubsplanung ein bisschen davon abhängig machen, was die einzelnen Regionen zu bieten haben? Bodenständige Gerichte liebt man vor allem in den **Alpen** und der südlichen **Steiermark.** Da gibt es Eintopf mit Schweine- und Hammelfleisch, saure Rahmsuppe oder Rindfleisch mit Kren (Meerrettich mit untergehobener Sahne), Käse, Speck und viel Wurst. Fleisch wird gern ›aus dem Kübel‹ serviert: erst angebraten, dann in einem Fass mit Schweineschmalz übergossen. Und zur Krönung des Mahls isst man Cremeschnitten, Pfannkuchen und köstlichen Strudel. In der **Karst-Region** sollte man sich

pršut, den leckeren Schinken, nicht entgehen lassen: Nur Fleisch vom Jungschwein, das weniger als 125 kg wiegt, darf zu seiner Herstellung verwendet wenden. Einen Monat lang wird es in eine Lake mit Meersalz, Knoblauch und Kräutern eingelegt, anschließend in Räumen aufgehängt, durch die der scharfe Bora-Wind pfeift. Nach etwa einem Jahr ist es so weit: Das ausgedörrte Fleisch wird in hauchdünne Scheiben geschnitten und mit pikant eingelegten Oliven und Steinofenbrot serviert.

An der **Küste** regiert mediterrane Kost. Auf der Speisekarte wird Fisch in vielen Varianten angeboten, häufig auch gratinierte Cannelloni, Risotti und

Einer von vielen Treffpunkten in Piran

SLOWENISCHE SCHLICKKRAPFEN

Zunächst den **Nudelteig** vorbereiten: 500 g Mehl, 1 Ei, Salz und 2 EL Öl mit 180 ml lauwarmem Wasser zu einem Teig verkneten, diesen in Folie wickeln und 30 Min. ruhen lassen. Dann den Teig mit Mehl bestäuben, ausrollen und mit einem Glas 6 cm große Kreise ausstechen.

Für die **Füllung** 500 g ungeschälte Kartoffeln 20 Min. kochen, dann pellen und durch eine Presse drücken. 150 g fein geschnittenen (Räucher-)Speck rösten und während der letzten Minute ein paar Ringe von Frühlingszwiebeln mitbraten. Mit den Kartoffeln mischen und mit Salz, Pfeffer und Majoran würzen. Jetzt die ausgestochenen Teigkreise mit je 1 EL Kartoffel-Speckmischung füllen und zusammenfalten, dabei den Rand zusammendrücken. Zuletzt die Schlickkrapfen 8–10 Min. in heißem Wasser garen, mit einem Sieblöffel herausheben und mit 3 EL in Butter gebratenen Brotbröseln bestreuen. Guten Appetit!

Minestre – typische Beispiele für eine Gastronomie venezianisch-friaulischen Ursprungs. Zum Abschluss ist Süßes angesagt: mürbe Strauben *(flancati)* oder Krapfen *(fritule)*.

Letzte Station ist der **Osten,** wo sich mediterrane und pannonische Einflüsse mischen. Vegetarier haben es dort schwer, Fleischgerichte sind Trumpf. Jenseits der Mur, im ungarischen Grenzland Prekmurje, bevorzugt man scharf gewürzte Paprikagerichte und Gulasch. Wen es bei derlei Kalorienbomben nach Leichterem gelüstet, der greift zu frischem Salat, der mit Obstessig und nussigem Kürbiskernöl abgerundet wird.

Wasser und Wein

Erstklassig sind Sloweniens natürliche Mineralwasser, von denen das nach den ›Drei Herzen‹ benannte Radenska am bekanntesten ist. Doch das Lieblingsgetränk der Slowenen war schon immer der Wein: keine Speisetafel ohne gefüllten Krug, kein festliches Zusammensein, bei dem die edlen Tropfen nicht in Strömen fließen. Seit der Unabhängigkeit hat slowenischer Wein enorm an Qualität gewonnen, mittlerweile kann er es mit den besten der Welt aufnehmen. Die Spitzenprodukte kommen aus dem Karst und dem Landesosten – die Weinstraßen zwischen Drau und Mur (▶ S. 106) halten wahre Schätze bereit!

Eine besondere Gaumenfreude sind auch die in den Gaststätten aufgetischten Schnäpse und Liköre. Zur Verdauung geeignet sind würziger Wacholder- und Kräuterschnaps *(brinovec/lušterk)*, milder sind Birnenschnaps *(viljemovka)* und süßer Traubenlikör *(radgonska ranina)*.

Roter Teranwein wird vor allem an der Küste getrunken.

Öffnungszeiten und Preise

Restaurants sind meist von 12 bis 23 Uhr geöffnet. Soll die Reisekasse nicht stark belastet werden, besucht man am besten ein gemütliches Gasthaus *(gostilna/gostišče)*, wo mindestens drei regionaltypische Gerichte angeboten werden. Günstig ist aber auch die Schankwirtschaft *(bife/krčma)*; noch günstiger sind das Selbstbedienungslokal *(samopostrežna restavracija)* und der Fast-Food-Grill *(okrepčevalnica)*. Die Preise in diesem Buch beziehen sich, wenn nicht anders angegeben, auf das günstigste Hauptgericht.

Ihr Slowenien-Kompass

#2

Hier lebte Heming-
way – **von Kobarid
zur Kozjak-Grotte**

#3

Spektakuläre Runde –
**entlang der
Mostnica**

Die Waffen schweigen

**BADEN
IN FELS-
WANNEN**

#1

Durch eine wilde
Schlucht – **Dramatik
pur im Soča-Tal**

*KULTIG
TÜRKIS*

WOMIT FANGE ICH AN?

AUF NACH JERUSALEM!

#15

Reben und verträumte
Dörfer – **zwischen
Drau und Mur**

*ROCKY HORROR
PICTURE SHOW*

Alte Rebe: *unverwüstlich!*

RUINÖS!

#14

Geister und gruselige
Gestalten – **in der
Burg von Ptuj**

#13

Cafés und
Künstlertreffs –
Kulturstadt Maribor

#12

Klöster, Burgen und
ein Wasserschloss –
an der Krka

#4

Am Ende ein Wasser-
fall – **die Vintgar-
Klamm bei Bled**

#5

Venezianisches Erbe –
in Piran

#6

Schönheit der
Symmetrie – **die
Salzgärten von
Sečovlje**

#7

Mekka der Pferde-
freunde – **das Gestüt
der Lipizzaner**

#8

Unterirdisch –
**die spektakulären
Höhlen von Škocjan**

#9

Seltsame Fundstücke –
**Ljubljanas
Nationalmuseum**

#11

Alpenoasen –
**oberes Savinja-
und Logar-Tal**

#10

Bio, Kräuter und
Design – **shoppen
in Ljubljana**

Klammes Vergnügen

Bella Italia

WEISSES GOLD?

TANZENDE VIERBEINER

MAGISCH!

KULTURTRIP

kann man sich glücklich kaufen?

Landlust

Kranjska Gora und das Soča-Tal

Noch der heißeste Sommer ist erträglich, wenn man sich in kühlem Gebirgswasser erfrischen kann. Ob Klamm, See oder Fluss – nie ist es weit zur nächsten Badestelle! Besonders schön ist die Soča, die türkis und kristallklar leuchtet. Sie bildet herrliche Gumpen aus, so in der Großen Trogschlucht (Velika korita) oberhalb von Bovec.

Kranjska Gora ♏ B 3

Wollen Sie frische Bergluft atmen? Dann können Sie sich einen besseren Einstieg kaum wünschen: Die Stadt liegt im engen Tal der Sava Dolinka zwischen dem steilen Gebirgszug der Julischen Alpen und dem Karawankenmassiv, 6 km von der österreichischen und der italienischen Grenze entfernt. Hier genießen Sie den Blick auf saftige Almwiesen und können wunderbare Ausflüge unternehmen.

Alpin und freundlich

Die meiste Zeit des Jahres geht es ruhig und beschaulich zu, nur in den Sommer- und Winterferien steigt der Geräuschpegel, dann verwandelt sich die 5200-Einwohner-Stadt in einen typischen Touristenort. Unterkünfte und Restaurants gibt es in Hülle und Fülle, dazu können Sie unter vielen Outdoor-Angeboten wählen.

Erwarten Sie in Kranjska Gora keine kulturellen Highlights. Immerhin hat sich das Zentrum mit seinen im Alpinstil erbauten Häusern einen gewissen Charme bewahrt. Schön anzuschauen ist die **Kirche der Jungfrau Mariä Himmelfahrt**, die im Jahr 1510 erbaut und später barokkisiert wurde. Ihre Fassade

Hoch hinaus wollen beide, Berg und Kirchturm.

leuchtet im ›Habsburger Gelb‹, in dem mit einem Rippenflechtwerk verzierten Gewölbe spiegelt sich Kärntener Einfluss (Cerkev Device Marije Vnebovzete, Borovška 76). Original erhalten ist das **Liznjek-Haus** von 1781 mit freskengeschmückter Fassade und holzgeschnitztem Balkon. Anschaulich vermittelt es, wie die reichen Großbauern einst lebten (Liznjekova domačija, Borovška 63, www.gmj.si, Mo geschl., 2,50 €).

Aktiv in herrlicher Natur

Im Sommer ist Kranjska Gora ein idealer Standort für Wanderer und Radfahrer. Besonders schön sind die Wandertouren zur türkisgrünen Quelle der Sava (Izvir Save/Zelenci) und – etwas anstrengender – von Gozd Martuljek zu einem der schönsten Wasserfälle der Region. Eine Karte, auf der alle Wander- und Radwege der Region eingetragen sind, erhalten Sie im Info-Büro TIC.

⌂ Klein und freundlich
Miklič
Hotel mit 17 Zimmern im Alpenstil an den Skipisten von Vitranc, das Personal ist sehr hilfsbereit, das Frühstücksbüfett reichhaltig und landestypisch. Ihr Auto können Sie direkt am Haus parken.
Vitranska 13, T 04 588 16 35, www.hotelmiklic.com, DZ ab 85 €

⌂ Familiär
Lipa
Kleines Hotel neben der zentralen Bushaltestelle mit 11 Zimmern und Gratis-WLAN. Das zugehörige Lokal (mit Wintergarten) zählt zu den beliebtesten der Stadt – Sie bekommen hier guten regionalen Wein und leckere Desserts.
Koroška 14, T 04 582 00 00, www.hotel-lipa.si, DZ ab 110 €

🍴 Fein oder auch deftig
Miklič
Slavko Miklič bietet Steinpilzsuppe, Pute in Wein-Nuss-Soße und Fisch aus Dalmatien. Vegetarier bedienen sich am Salatbüfett.
Vitranska 13, T 04 588 16 35, www.hotelmiklic.com, ab 12 €

Graffiti auf ländliche Art und schon etwas in die Jahre gekommen: Wo kein Vieh mehr im Stall steht, wird es auf die Fassade gezaubert …

🍴 Herzhaft
Kotnik
Die Gäste lieben Pizza und Pfeffersteak, Wild- und Fischgerichte. Als Nachtisch: *prekmurska gibanica,* Blätterteig mit Schichten aus Apfel, Mohn, Nüssen und Quark. Das Hotel-Restaurant vermietet auch 15 Zimmer.
Borovška 75, T 04 588 15 64, www.hotel-kotnik.si, ab 10 €

Besonders begehrt ist im **Café Slaščičarna Kala** die nach bewährter Rezeptur hergestellte Cremeschnitte, aber auch der Prekmurjer Schichtkuchen, die Obsttorte und das Eis (15 Sorten!). Wollen Sie sich jeden Tag mit hausgemachten Torten und Desserts verwöhnen lassen, buchen Sie ein Zimmer: angenehm hell mit Blick auf Kranjska Gora (Koroška ul. 13-B, T 04 588 55 44, www.sobe-kala.si, tgl. 9–21 Uhr, DZ 60–100 €).

🍴 Gutes aus der Region
Cvitar
Im traditionellen Gasthof neben der Kirche serviert Herr Franci leichte Sommerkost, aber auch slowenisch Schweres. Sehr gut schmeckt der Cvitar-Teller mit saftigen Filetmedaillons – wahlweise mit Kräuter- oder Pfifferlingsoße. Im Sommer mit Terrasse, auch Pensionszimmer stehen bereit.
Borovška 83, T 04 588 36 00, www.cvitar.com, ab 9 €

☼ Outdoor-Shop
Intersport Bernik
Verleih und Wartung von Skiern, Schlitten, Familienrädern und Mountainbikes.
Borovška cesta 88-A, T 05 163 55 46, www.intersport-bernik.com

ℹ Infos
TIC
In dem engagiert geführten Büro bekommt man Broschüren und Karten sowie Infos zu Privatzimmern, zu geführten Wanderungen und zu Radtouren.
Kolodvorska ul. 1-C, 4280 Kranjska Gora, T 04 580 94 40 99, www.kranjska-gora.si, Juni–Sept. tgl. 8–20, sonst 8–18 Uhr

17

Durch eine wilde Schlucht – **Dramatik pur im Soča-Tal**

Eine spektakuläre Passstraße führt durch eines der schönsten, von Bergriesen flankierten Alpentäler. Benannt ist es nach der Soča, einem Fluss, der einer Felsspalte unterhalb des Vršič-Passes entspringt. An mehreren Stellen können Sie halten und von schmalen Hängebrücken auf den türkisblauen Fluss hinabschauen.

Zum Vršič-Pass

Schon die Auffahrt zum 1611 m hohen Vršič-Pass ist ein Erlebnis! Von **Kranjska Gora** 1 schraubt sich die ab 1916 erbaute Hochalpenstraße in 25 Spitzkehren (14 % Steigung!) zum Pass hinauf, danach geht es über ebenso viele Kehren abwärts.

Eine Welt aus Gneis und Granit – Wanderweg nahe dem Vršič-Pass

Unterwegs lohnen mehrere Stopps, ein erstes Mal schon nach 2 km: Am Eingang des Pivnica-Tals breitet sich zwischen Gneis und Granit der **Jasna-See** 2 (Jezero Jasna) aus: blau leuchtend und kristallklar. An seinem Ufer steht die Bronzeskulptur von Zlatorog, dem mythenumrankten Ziegenbock mit markanten Goldhörnern. In einem Ausflugslokal können Sie die alpine Szenerie auf sich wirken lassen.

Zlatorog – das ›Goldhorn‹ am Jasna-See

Nach weiteren etwa 4 km versteckt sich im Wald rechts der Straße die **Russische Kapelle** 3 (Ruska Kapelica). Vor der kleinen Holzkirche mit dem Kreuz der Orthodoxen steht das ›Grab des unbekannten Soldaten‹ und erinnert an die über 1000 russischen Kriegsgefangenen, die 1916/17 beim Bau der Straße für das kaiserliche Österreich starben – viele von ihnen durch Lawinen.

In der Folge steigt die Straße kräftig an und erreicht nach 12 km den **Vršič-Pass** 4 (1611 m), die Wasserscheide zwischen Sava und Soča. Genießen Sie den tollen Weitblick! Im Westen ragt der 2366 m hohe Mojstrovka auf, im Osten der Triglav, mit 2864 m Sloweniens höchster Berg. Im Tičarjev Dom, einer Berghütte zur Linken, kann man sich stärken, für Wanderer und Kletterer stehen Schutzhütten bereit.

Hinab ins Soča-Tal

Über 9 km geht es nun in engen Serpentinen talabwärts. An der 48. Kurve (so auch ausgeschildert) kann man an dem auf einem Vorsprung postierten **Julius-Kugy-Denkmal** 5 eine Pause machen.

Hat man Lust auf ein kleines Abenteuer, biegt man schon in der nächsten, der 49. Kurve rechts ab und folgt einer Stichstraße 1,3 km zu einer Hütte (Koča pri izviru Soče), wo der Wagen abgestellt werden muss. Auf einem markierten Waldweg gelangt man steil aufwärts zu einem Plateau, dann weiter auf einem ausgesetzten, durch Stahlseile gesicherten Felsband. Nach 15 Min. steht man unvermittelt vor der **Soča-Quelle** 6 (Izvir Soče): Kraftvoll zwängt sich der Fluss aus einer engen Felsspalte und stürzt mit ohrenbetäubendem Getöse kaskadenartig in ein mit kristallklarem Wasser gefülltes Becken!

HIKING

Kleiner Tipp für Hiker: Nahe der **Soča-Quelle** 6 startet der markierte, attraktive Soča-Weg (Soča pot). Mal führt er links, mal rechts des Flusses, der hin und wieder über Hängebrücken gequert wird. 20 km schlängelt er sich bis Bovec hinab, wobei Sie sich an jeder beliebigen Stelle einklinken können. Besonders schön ist der Abschnitt von der Trogschlucht **Velika Korita** 10 bis **Bovec** 12.

Er wächst nur hier, nirgends sonst auf der Welt: der Julische Mohn.

Anschauliche Präsentation im Besucherzentrum von Trenta

Alpengärten und Trogschluchten

Zurück auf der vom Tourismusamt so getauften »Smaragdstraße« erreicht man wenig später den Weiler Trenta. Dort befindet sich das **Alpinum Juliana** 7, ein 1928 auf Anregung eines Triester Kaufmanns entstandener Botanischer Garten mit über 1000 Pflanzen aus den Julischen und Kamniker Alpen, den Karawanken und Friauler Bergen. Darunter befinden sich auch einige Endemiten, d. h. Pflanzen, die nur hier und nirgends sonst auf der Welt vorkommen. Zu den schönsten zählen die Triglav-Rose, der Julische Mohn und die Zois-Glockenblume. Im Frühsommer ist der Garten in ein Meer blühender Farben getaucht.

Mehr über die Alpen erfährt man im **Dom Trenta** 8, dem modernen Besucherzentrum des Triglav-Nationalparks, einem Museum für Naturkunde und Ethnografie. Multimedia-Stationen, Schautafeln und Filme beleuchten Geologie, Flora und Fauna, die Anfänge des Alpinismus und die Lebensbedingungen von Bauern und Hirten. Gleichzeitig erhält man hier Unterkunftstipps sowie Faltblätter zu Lehrpfaden und Wandertouren, z. B. dem Soča- und dem Pokljuka-Weg sowie dem Radweg Radovna.

Nächste Station ist das lang gestreckte Dorf **Soča** 9. Die Kirche der nach dem Fluss benannten Streusiedlung überrascht mit einem interessanten kulturhistorischen Detail: Auf dem 1944 entstandenen Deckenfresko kämpft Erzengel Michael nicht allein mit dem Teufel, sondern auch mit Hitler und Mussolini. Im unteren Teil des Dorfes Soča achte man auf eine erste Ausschilderung »Velika korita«, wo man von einer Hängebrücke in die Tiefe schaut (Parkausbuchtung).

Noch spektakulärer ist das Schauspiel ein Stück weiter südlich, wo eine Asphaltpiste nach Lepena abzweigt. Sogleich queren Sie eine Brücke, von der Sie in die 750 m lange, 15 m tiefe und nur 2 m breite **Trogschlucht** 10 (Velika Korita) blicken. An weniger steilen Stellen können Sie zu türkisfarbenen Gumpen hinabsteigen, die im Sommer herrliche Erfrischung bieten.

Von der Asphaltpiste führt ein ausgeschilderter Abstecher links hinauf zur **Pristava Lepena** 2: ein komplett aus Holz erbautes Feriendorf mit einem idyllischen Gasthaus – sehr gut für eine Stärkung!

Wieder zurück auf der Soča-Straße, müssen Sie an der nächsten Gabelung entscheiden, ob Sie noch Lust auf einen Abstecher rechts hinauf zur majestätisch über der Koritnica-Schlucht thronenden Festung **Kluže** 11 haben. Sind Sie bereits zu erschöpft, folgen Sie dem Lauf der Soča und fahren direkt nach **Bovec** 12.

INFOS/ÖFFNUNGSZEITEN

Busse: ins Soča-Tal ab Kranjska Gora im Juli und August mehrmals tgl., im Juni und Sept. nur am Wochenende
Alpinum Juliana 7 : Trenta 40, www.pms-lj.si/juliana/en, Mai–Sept. tgl. 8.30–18.30 Uhr, 3 €
Dom Trenta 8 : Na Logu/Trenta, T 05 388 93 30, www.tnp.si, Jan.–April Mo–Fr 10–14, Mai/Juni tgl. 10–18, Juli/Aug. 9–19, Sept./Okt. 10–18 Uhr, 5 €

PREISWERT ÜBERNACHTEN

Camping- und Biwakplätze sind an attraktiven Uferstellen eingerichtet, für **Privatzimmer** wird in Trenta und Soča geworben. **Berghütten** sind über das Besucherzentrum **Dom Trenta** 8 buchbar, das außerdem 7 DZ (ab 50 €) sowie 8 Apartments für 2–5 Personen bietet. Nicht schlecht ist auch **Kamp Klin** 1 : Engagiert führt Frau Družina Zorč ihre 8-Zimmer-Pension am Zusammenfluss von Soča und Lepenjica; auf einer großen Wiese kann man sein Zelt aufschlagen, das Aktivangebot umfasst Angeln, Kajakverleih und Volleyball (Lepena 1, T 05 388 95 13, www.pension-kamp-klin-soca.bedspro.com/de/, DZ ab 68 €).
Pristava Lepena 2 : Über dem Zufluss Lepena haben Silvia und Milan Dolenc ein Hoteldorf mit Holzhäusern im Alpenstil errichtet (Lepena 2, T 05 388 99 00, www.pristava-lepena.com, 8 Ap., 5 Zimmer, DZ ab 160 €). Im urigen

Restaurant Lepena (mit großer Terrasse) servieren Andreja und Sebastijan regionale Spezialitäten. Für den großen Bauernsalat zahlt man 12 €, etwas mehr z. B. für die Forelle (T 05 388 99 04, tgl. 11–22 Uhr).

KULINARISCHES FÜR ZWISCHENDRIN

Metoja 1 : Frau Ivanka bereitet Spezialitäten aus dem Soča-Tal zu. Die Karpfen kommen frisch aus dem eigenen Teich, gut schmecken Sauerkrautsuppe, gefüllte Teigtaschen und Kartoffeln mit Topfen (Trenta 19-A, Straße 206, Km 5.2, T 05 388 93 61, www.metoja-trenta.com, Di geschl., ab 9 €).

... erobern Kranjska Gora von Dezember bis März. Dann sind zahlreiche Seilbahnen, Sessel- und Schlepplifte in Betrieb, auf der Schanze von Planica treffen sich die weltbesten Skispringer (www. planica.si).

IN DER UMGEBUNG

Modernes Alpenmuseum

Das Slowenische Alpenmuseum in **Mojstrana** (13 km östlich, 🗺 B 3) macht multimedial deutlich, warum das Bergwandern in diesem Land so beliebt ist (Slovenski planinski muzej, Triglavska cesta 49, www.planinskimuzej.si, Juni– Mitte Sept. tgl. 9–19, sonst 9–17 Uhr, 6 €). Vom Ort führen drei Alpentäler zum Triglav hinauf, besonders schön ist das Vrata-Tal!

Wellness alpin

Das idyllische Dorf **Gozd Martuljek** (4 km östlich, 🗺 B 3) bietet einen imposanten Blick auf die Wände der Špik-Gruppe. Das Špik Alpine Wellness Resort, ein im Alpenstil erbautes Hotel mit tief herabgezogenem Dach, bietet familienfreundliches Ambiente (Jezerci 21, 4282 Gozd Martuljek, T 04 588 44 77, DZ ab 100 €).

Bovec 🗺 A 4

Bovec ist die Hauptstadt des Outdoor- und Aktivtourismus, das zugehörige Tal wird gern Adrenalin-Valley genannt. Nirgendwo sieht man im Sommer mehr Stände mit Schwimmwesten und Neoprenanzügen, auf Parkplätzen Anhänger mit Kajaks und Schlauchbooten.

Bergidyll mit viel Outdoor-Potenzial

Der 3200 Einwohner zählende Ort leert sich tagsüber, denn Urlauber treibt es in die grandiose Natur. Im Talbecken von Bovec fließen drei Flüsse zusammen, die

Auf einigen Abschnitten der Soča braucht man Erfahrung, um die Kurve zu kriegen.

tiefe Schluchten in die ringsum aufragenden Berge schneiden: die Lepenca, die Koritnica und die Soča. Markierte Wanderrouten starten direkt vor der Haustür – man benötigt viele Tage, um alle Wege kennenzulernen. Abends kehrt man müde und voller neuer Eindrücke nach Bovec zurück. Im Umkreis der alten Pfarrkirche befinden sich das Info-Büro und mehrere Lokale, auf dem Hauptplatz gibt es an Sommerabenden Konzerte.

⌂ Boutique-Hotel
Dobra Vila
Hotel mit Kunstwerken, Bücherei und Weinkeller sowie einem erstklassigen Restaurant, im Sommer wird im schönen Garten gespeist.
Mala Vas 112, T 05 389 64 00, www.dobra-vila-bovec.si, DZ ab 115 €

⌂ Modernes Design
Sanje OB Soči
Von einer jungen Familie engagiert geführtes Hotel mit 19 Zimmern, Gemeinschaftsterrasse mit Bergblick.
Mala Vas 105-A, T 05 389 60 00, www.sanjeob soci.com, DZ ab 110 €

🍴 Traditionsreich
Martinov hram
Martin und Silva sowie Tochter Sara haben das Lokal zum Erfolg geführt. Draußen sitzt man auf der weinumrankten Terrasse, innen gediegen in der ›Bovec-Galerie‹. Als Aperitif empfiehlt sich ein Gläschen Sekt, danach könnte man *bovška frika* probieren, ein Riesenrösti mit Schafskäse, oder das zart-saftige Lamm, im rechten Moment aus dem Ofen geholt! Wer noch Platz im Magen hat, bestellt mit Walnüssen und Äpfeln gefüllte Martin-Nockerln. Unverzichtbar zum Schluss: der milde Kräuterschnaps *lušterk*. 12 preiswerte Zimmer!
Trg golobarskih žrtev 27, Tel 05 388 62 14, www.martinov-hram.si, Mo geschl., ab 10 €

🍴 Locker und lässig
Stari Kovač
Im Ofen der ›Alten Schmiede‹, in dem einst die Beschläge für Hufe erhitzt wurden, wird heute gebacken. Veno und

Genießen Sie nach dem Outdoor-Trip eine Ruhepause im Ortskern von Bovec.

Nada Oberster leiten das Lokal mit viel Schwung und setzen auf Regionales. Köstlich schmecken Gerstensuppe mit Steinpilzen, die mit Hüttenkäse gebackenen Strudelknödel ›nach Großmutters Art‹ und hausgemachte Gnocchi mit Truthahn und Zucchini. Auch Pizzas finden guten Absatz. Im 1. Stock werden 8 Apartments vermietet.
Rupa 3, T 05 388 66 99, www.starikovac.com, Mo geschl., ab 8 €

⟳ Aktiv an allen Fronten
Soča Rafting
Beste Anlaufadresse für Wassersport, aber auch für Mountainbiking, Trekking, Höhlenerkundungen und Freeclimbing. Vom 15. März bis 31. Okt. sind die Flüsse Soča und Koritnica für Kajakfahrer und Rafter befahrbar.
Trg golobarskih žrtev 14, T 05 389 62 00, www. socarafting.si

ⓘ Infos
TIC
Infos für Aktivurlauber, Verkauf von Büchern und Karten, Vermittlung von Privatunterkünften.
Trg golobarskih žrtev 22, 5230 Bovec, T 05 384 19 19, www.soca-valley.com, Juli/Aug. tgl. 8–20, Juni u. Sept. 9–19 Uhr, sonst kürzer

Am Fuße von Zweitausendern

Nördlich von Bovec gabelt sich die Straße. Die Route nach Kranjska Gora verläuft entlang der Soča, eine zweite, gut ausgebaute Straße folgt dem Tal der Koritnica zum Predel-Pass. Auf ihr passiert man nach 2 km die **Burg Kluže** am Rande einer Felsschlucht (nur geöffnet Juni–Sept.), nach weiteren 7 km das hübsche Alpendorf **Log pod Mangrtom** (ᗰ A 3) inmitten hoch aufragender Felsen. Von dort führen Wege ins Tal der 100 Wasserfälle.

Sloweniens höchster Wasserfall

Slap Boka: 5 km südlich von Bovec lohnt ein Stopp hinter der Brücke Most Boka. Nach der Schneeschmelze stürzt sich die Boka unter ohrenbetäubendem Lärm über 100 m in die Tiefe. Ein nicht gut ausgebauter Pfad führt in gut einer Stunde hinauf.

Kobarid ᗰ A 4

Hier treffen alpine und mediterrane Einflüsse aufeinander: Vor der Kulisse majestätischer Gipfel stehen pastellfarbene Bürgerhäuser, es duftet nach Oleander und Zypressen.

Treffpunkt zweier Kulturen

Jahrhundertelang hat der Ort davon profitiert, dass er an der aus dem Friaul zu den Alpen heraufführenden Handelsstraße lag, und noch heute sprechen die Bewohner Italienisch ebenso fließend wie Slowenisch. Alles Wichtige ist um den zentralen Platz (Trg svobode) versammelt: die Dorfkirche und das Gemeindeamt, Hotel und Hostel, Gasthäuser und die Touristeninfo.

Schon frühmorgens herrscht reger Betrieb: Radler und Wanderer wollen das Tal erkunden, Wildwasser-Fans testen die Soča; mittendrin einige Angler, die

Die letzten Meter zur Wasserfallgrotte sind etwas rutschig, da kommt das Drahtseil wie gerufen.

davon träumen, mit einer Marmorata-Forelle heimzukehren. Am Abend trifft man sie alle wieder – die meisten von ihnen im Topli val (▶ S. 28), wo man wunderbar schlemmen kann.

Ernest Hemingway hat seine Kriegserlebnisse 1929 in dem Roman **»A Farewell to Arms«** (dt. »In einem anderen Land«) literarisch verarbeitet. Darin berichtet er vom Stellungskrieg zwischen den italienischen und österreichisch-deutschen Truppen, dem Durchbruch der Mittelmächte bei Caporetto (›Wunder von Kobarid‹) im Herbst 1917, schildert das Sterben auf den Schlachtfeldern eines sinnlosen Krieges, den Tod durch Kugeln, Granaten und Giftgas. Und er schreibt über seine unglückliche Liebe zu Catherine Barkley, der zehn Jahre älteren englischen Krankenschwester, die er im Lazarett kennenlernt und die mit ihm in die neutrale Schweiz flieht. Doch es kann im Falschen kein Richtiges geben – die Heilung durch Liebe bleibt dem jungen Paar verwehrt. In der vermeintlich sicheren Schweiz stirbt Catherine bei der Geburt ihres Sohnes.

Sanitäter und Soldaten: Im Kobarid-Museum wird an 1 Mio. Menschen erinnert, die im Ersten Weltkrieg im Soča-Tal starben.

lebbar zu machen, klärt allerdings nicht auf über Ursachen und Nutznießer. Im Treppenhaus hängt das Bild des bärtigen Kriegsgegners Ernest Hemingway (1899–1961). Der Schriftsteller und spätere Nobelpreisträger war 19 Jahre alt, als er ins Soča-Tal kam. Er erlebte das Grauen des Krieges als Fahrer einer Sanitätseinheit auf italienischer Seite. Nach nur zwei Monaten wurde er schwer verwundet: Er erlitt eine Beinverletzung und musste mehrfach operiert werden. Nach seiner Genesung kehrte er als Träger einer Tapferkeitsmedaille in die Heimat zurück – ein gefeierter Held.

Kobariški muzej, Gregorčičeva 10, www.koba riski-muzej.si, April–Sept. Mo–Fr 9–18, Sa, So 9–19, Okt.–März tgl. 10–17 Uhr, 6 €

Idyllischer Ort, dunkle Erinnerung

Blutige Vergangenheit: Im schönen Soča-Tal waren im Ersten Weltkrieg Soldaten aus 17 Nationen in schwere Kämpfe verstrickt; sie dauerten anderthalb Jahre und es starben über 1 Mio. Menschen. An die ›größte Bergschlacht aller Zeiten‹ erinnert das **Kobarid-Museum.** Raumfüllende Installationen zeichnen den Frontverlauf nach, historische Fotos zeigen die Opfer: verstümmelte Männer und Leichen in Schützengräben. Ein 19-minütiger Film versucht, das Kriegsgeschehen nacher-

Alles Käse

Auf dem Rückweg von der Wanderung zur Kozjak-Grotte können Sie das **Almenmuseum** besuchen. Die Molkerei Planika hat eine Almhütte rekonstruiert und zeigt, wie der tolle slowenische Käse hergestellt wird. Landesweit bekannt ist ihr Tolminc, der ›slowenische Emmentaler‹, der seit 1756 nach gleichem Rezept hergestellt wird. Und kaufen können Sie ihn auch!

Muzej Planike, Gregorčičeva 32, T 05 384 10 00, www.mlekarna-planika.si, Mo–Sa 10–12, 17–19, So 10–12 Uhr, 2,70 €

Hier lebte Hemingway – von Kobarid zur Kozjak-Grotte

Ernest Hemingway wurde im Soča-Tal Zeuge einer der härtesten Schlachten des Ersten Weltkrieges. Wandern Sie auf seinen Spuren und erleben Sie auf einem historischen Weg Denkmäler in spektakulärer Natur. Im eisigen Wasser einer Grotte können Sie sich erfrischen.

Abwechslungsreicher Rundweg

Es wird vermutet, Hemingway habe am Trg Svobode, dem zentralen Platz von Kobarid, mehrere Tage gewohnt. Starten Sie links vom Hemingway-Haus (Nr. 12) und folgen Sie einer Asphaltpiste zwischen zwei Säulentürmen aufwärts. Sie führt in Form eines Kreuzwegs mit 14 Stationen zu einem **italienischen Beinhaus** **1**, das die 300-jährige Kirche des hl. Anton umschließt. Eingeweiht wurde es 1938 von Mussolini, um 7014 exhumierte italienische Soldaten feierlich beizusetzen. Ihre Namen sind in Platten aus grünlichem Serpentin geritzt. Der Rundweg führt links an der Kirche vorbei, nach 50 m ignorieren wir den links abzweigenden Pfad nach **Tonocov Grad** und gehen auf breitem Weg geradeaus weiter, stets dem Richtungspfeil ›Kozjak‹ folgend.

Der Weg wird schmaler und führt zu einer Straße hinab, die wir an einer Kapelle kreuzen. 5 Min. später stößt er auf eine Piste. Wir folgen ihr nach links, an der nächsten Gabelung geht es zum ›**Kamp Lazar‹**. Wir passieren die Anlage und erreichen an ihrem Ende eine **italienische Verteidigungsstellung** **2** aus dem Ersten Weltkrieg. Auf dem hier rechts abzweigenden Pfad gehen wir über Stufen zur **Drahtseilbrücke** **3** hinab und queren auf schwankenden Planken die Soča (1 Std.): Fantastisch ist der Blick auf den türkisfarbenen Fluss, im Hintergrund die Silhouette der Alpen! Am gegenüberliegenden Ufer halten wir uns links und ignorieren kurz darauf einen zur Soča hinabführenden Pfad. Den Rechtsabzweig zwei Min. später können Sie sich für den Rückweg vormerken. Vorbei an kleineren

So mancher überquert die Soča mit einem mulmigen Gefühl – bei jedem Schritt schwankende Planken …

Wasserfällen geht es geradeaus weiter, bevor am Ende einer Klamm die **Kozjak-Grotte** 4 erreicht ist (1.30 Std.): In einem 17 m langen Schweif ergießt sich ein Wasserfall in einen Fels-Pool mit herrlich kühlem, smaragdfarbenem Wasser. Mittags, wenn das durch einen Felsspalt einfallende Sonnenlicht Reflexe auf seine Oberfläche zaubert, ist dies ein fantastischer Badeplatz! Nach einer ausgiebigen Pause an diesem verzauberten Ort läuft man zu der Stelle zurück, die man sich vorgemerkt hat, und biegt links ein (Richtung ›Huljeva pot Drežnica‹).

Man passiert eine weitere, von Vegetation überwucherte **italienische Verteidigungsstellung** 5 und läuft zur Soča hinab. Der Weg wendet sich bald vom Fluss ab und mündet in eine schmale Straße. Dieser folgt man nach rechts und passiert den **Campingplatz Koren.** Soldaten der ›Grande Armée‹ errichteten 1812 die **Napoleonbrücke** 6 (2.10 Std.). Genießen Sie den Blick hinab auf die von verwitterten Felswänden eingerahmte, türkisfarbene Soča. Nach Querung der Brücke geht es – erst am **Käsereimuseum** 7, dann am **Museum Kobarid** 8 (▶ S. 25) vorbei – ins Ortszentrum zurück (2.30 Std.).

R
RUINEN

Die Höhensiedlung **Tonocov Grad** erlebte ihre Blütezeit in der Spätantike (4.–6. Jh.), bis zum Mittelalter war sie bewohnt. Erhalten blieben rekonstruierte Ruinen. Sie erreichen sie in 35 Min. über den hinter dem Beinhaus startenden Weg.

INFOS

Für die 4,5 km lange Tour benötigt man circa 2,5 Std. (je 300 m im An- und Abstieg).

KULINARISCHES FÜR ZWISCHENDRIN

Auf den **Campingplätzen Lazar** und **Koren** können Sie Getränke kaufen und auch eine Kleinigkeit essen (weitere Infos zum Campingplatz in Kobarid ▶ S. 112).

ZUM WEITERLAUFEN

Das Wander-Reise-Lesebuch »Weg des Friedens von den Alpen bis zur Adria« (Tadej Koren, Drava 2018) beschreibt 15 Abschnitte längs der Isonzofront, die jeweils an einem Tag zu Fuß zurückgelegt werden.

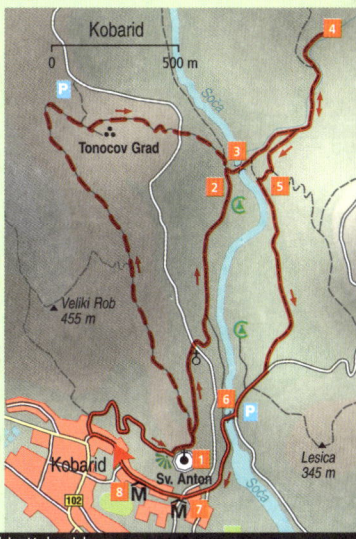

Faltplan: A/B 4 | **Wanderung:** Start und Ziel in Kobarid

In Most na Soči werden Soča und Idrijca zu einem kleinen See gestaut. Im Kanu können Sie ihn erkunden.

🏠 Engagiert geführt
Hvala
Kleines Hotel am zentralen Platz mit überdachten Holzbalkonen, sehr beliebt dank der Leitung von Tanja und Aleš. Die 31 Zimmer und Apartments sind in Naturfarben eingerichtet, der Zugang zum Internet ist gratis. Gäste erhalten Tourenvorschläge für Rad- und Wanderausflüge, Mountainbikes können ausgeliehen werden. Angler erwerben Lizenzen plus Zubehör an der Rezeption, auf Wunsch werden die geangelten Fische in der Küche zubereitet. Weitere Vorzüge: Frühstücksbüfett und Sauna.
Trg svobode 1, T 05 389 93 00, www.hotel hvala.si, DZ ab 104 €

🍴 Schlemmertempel
Topli val
Eines der besten Restaurants im Land und erfreulich locker. In der ›Warmen Welle‹ (= Topli val) wird vor allem Mediterranes serviert. Besonders lecker ist die kalte Platte mit Meeresfrüchten: in Wodka marinierter Lachs mit Pfifferlingen, Flusskrebs und filetierter Seebarsch. Andere schwören auf überbackene Jakobsmuscheln oder hausgemachte Bandnudeln mit Garnelen. Alles ist frisch und liebevoll arrangiert. Dazu wählt man slowenischen Wein aus der umfangreichen Vinothek – Aleš wird Sie fachmännisch beraten!
Trg svobode 1, T 05 389 93 00, www.hotel hvala.si, ab 12 €

🧭 Outdoor-Agentur
Positive Sport
Die Sportagentur bietet Rafting, Kajakkurse, Canyoning und Hydrospeed an, dazu Paragliding, Freeclimbing und Mountainbiking. Mit angeschlossenem Hostel.
Trg svobode 15, T 040 65 44 75, www.positivesport.com

❶ Infos
LTO Sotočje – TIC Kobarid
Mit Unterkunftsvermittlung und Ausflugstipps.
Trg svobode 16, T 05 380 04 90, www.soca-valley.com, Mo–Fr 9–13, 14–19, Sa–So 9–13, 16–19, im Juli/Aug. durchgängig 9–20 Uhr

Fundacja Poti Miru
Die Stiftung stellt den 100 km langen ›Friedensweg‹ vor, der an Schauplätzen des Ersten Weltkriegs vorbeiführt und vertreibt Broschüren zur Region.
Gregorčičeva 8, T 05 389 01 66, www.potmiru.si, Juli–Aug. tgl. 9–18, sonst 9–17 Uhr

Tolmin 🗺 B 4

Die Stadt liegt auf einer Anhöhe zwischen den Flüssen Soča und Tolminka. Sie hat einen italienisch anmutenden Ortskern mit Springbrunnen und engen Gassen.

Nette Zwischenstation

Alles Wichtige liegt eng beieinander: Am zentralen Mestni trg finden Sie Unterkünfte und Cafés, Freunde der Archäologie und Ethnografie besuchen die Ausstellungen im ehemaligen Schloss der Grafen Coronoi (Tolminski muzej, Mestni trg 4, www.tol-muzej.si, Mo–Fr 10–18, Sa–So 14–18 Uhr, Eintritt 4 €). Ein grandioses Naturschauspiel erleben Sie 2 km nördlich der Stadt (via Zatolmin): Am Zusammenfluss zweier Wildbäche bildete sich die **Tolminska korita** heraus, ein vom Wasser geschliffenes Kalksteinbett, teilweise nur 2 m breit, aber 60 m tief – in ihm rauscht die Tolminka dahin.

Kennen Sie das Höllenkapitel in Dantes »Göttlicher Komödie«? Und wissen Sie auch, von welcher Höhle sich der italienische Autor inspirieren ließ? Vermutlich war es die 2 km nördlich der Stadt gelegene ›Dante-Höhle‹ (Zadlaska jama). Nun ja – man weiß, dass sich Dante 1319 in Tolmin aufhielt, doch hat er wirklich die Höhle besucht? Oder bekam er seine Anregungen eher vom Besuch der Höhlen in Škocjan und Postojna? Wie dem auch sei, der Ausflug zur Höhle lohnt sich, allein schon der Blick von der ›Teufelsbrücke‹ ist toll! Wollen Sie in den Anfangsteil der Höhle, brauchen Sie eine Taschenlampe! (April–Okt. von 9 Uhr bis zur Dämmerung, 5 €, Führung auf Anfrage beim LTO Sotočje)

Ein **Rundweg** führt durch den schönsten Abschnitt der Klamm und an der Dante-Höhle vorbei.

⌂ Zentral, aber ruhig
Pension Rutar

Das hübsche Haus mit 9 Zimmern befindet sich am Hauptplatz. Das zugehörige Restaurant ist für alle geöffnet, Hotelgäste zahlen für Halbpension gern einen Aufschlag von 12 €.

Mestni trg 7, T 05 380 05 00, www.pension-rutar.si, DZ ab 80 €

☁ Outdoor Centre
Maya

Beste Anlaufstelle für Wassersport, Radtouren, Höhlenforschung, Freeclimbing, Paragliding und Reiten.

Padlih borcev 1, T 05 380 05 30, www.maya.si

Weiße Stege führen an der engen Dante-Klamm entlang.

❶ Infos
LTO Sotočje – TIC Tolmin

Auskunft zu Outdoor-Aktivitäten und auch Privatzimmer-Vermittlung.

Petra Skalarja 4, T 05 380 04 80, www.dolina-soce.com, Mo–Fr 9–19, Sa 9–13 Uhr

IN DER UMGEBUNG

Blick vom Felsvorsprung

Der kleine Ort **Most na Soči** (5 km südlich von Tolmin) liegt über dem Zusammenfluss von Soča und Idrijca, die zu einem smaragdfarbenen See gestaut sind. Diesen kann man auf Ausflugsschiffen erkunden oder auf Wanderwegen umkreisen.

Die Seen von Bohinj und Bled

Nach einer Fahrt mit der pletna, dem überdachten Bleder Boot, gibt es nichts Schöneres, als sich in die Fluten zu stürzen. Und das ist nicht nur im Sommer möglich: Dank warmer Quellen, die den See speisen, ist das Wasser selbst im Herbst noch badetauglich. Spaß macht es auch, den Bleder See zu Fuß oder per Rad auf einem sechs Kilometer langen Promenadenweg zu umrunden und die schöne Berglandschaft in sich aufzunehmen. Und danach lassen Sie sich bitte eine Bleder Cremeschnitte schmecken!

Bohinj 🗺 B 4

»Zu schön für einen Mordfall« – so urteilte Agatha Christie über Bohinj, eines der schönsten Alpentäler. Herzstück ist der Bohinjsko jezero, ein 4 km langer, kristallklarer See, den schroffe, 2000 m aufragende Berge umschließen: ein wild-herber Flecken im Schatten des mächtigen Triglav.

Alpenidyll

Der traumhafte Wocheiner See und die umliegenden kleinen Ortschaften – hier möchte man nicht nur Tage verbringen! Einziger Ort, der die paradiesische Ruhe vielleicht etwas stört, ist **Ribčev Laz** an der Ostseite des Sees, wo sich die meisten Unterkünfte und die Touristeninfo befinden. Aber auch hier ist für Nachteulen kein Platz – eine Disco sucht man vergebens. Dafür findet man umso mehr Fotomotive, eines der schönsten unmittelbar am See: die gotische Johanniskirche (Cerkev Sv. Janez Krstnik, Juli–Aug. 9–16 Uhr). Ihre Fassade ist mit einer überlebensgroßen Darstellung des hl. Christophorus bemalt; prachtvoll ist der mit mittelalterlichen Fresken ausgeschmückte Innenraum. Der Glockenturm stammt aus dem 17. Jh., ebenso der Altar und die Seitenaltäre.

B
BADEN

Haben Sie Lust, ins Wasser zu springen? Das klare Wasser erwärmt sich im Sommer auf immerhin 21 °C – von der niedrigen Böschung am Westufer ist der Einstieg am einfachsten.

Rund um den See

Der Wocheiner See (Bohinjsko jezero) wird von der quirligen Savica gespeist, die im Westen aus einem Felsspalt in die Tiefe rauscht, dann den See durchfließt und ihn ostwärts als Sava Bohinjka verlässt. Es ist der größte See Sloweniens, über 4 km lang und 1 km breit. Auf einem Spazierweg können Sie ihn umrunden – lieben Sie's bequem, sollten Sie vier Stunden dafür einplanen. Die Seeufer sind unverbaut, ein paar wenige Hotels liegen in einem dichten Baumgürtel an der Südseite versteckt. Auf halber Strecke am Westufer liegt **Ukanc**, die ehemalige Hirtensiedlung, heute Standort eines Hotels und eines Campingplatzes. Sie können freilich auch eine Bootsfahrt machen: Die Anlegestelle in Ribčev Laz (Turistična Ladja Bohinj) befindet sich 50 m von der Brücke entfernt, von 10 bis 17.30 Uhr geht es etwa stündlich zur Haltestelle in Ukanc (facebook: boatbohinj, 11 € retour). Oder Sie fahren nur eine Strecke mit dem Boot (9 €) und laufen über die autofreie Nordseite zurück. Von Ukanc führt auch die Gondelbahn zur Bergstation des Skihotels Vogel hinauf (www.vogel.si, 8–18 Uhr alle 30 Min., 20 € retour). Sie befindet sich in 1540 m Höhe, mit Sesselliften könnten Sie noch bis 1800 m hinauf und einen Rundumblick genießen.

Slap Savica

Ein großartiges Naturschauspiel ist der über Ukanc erreichbare Savica-Wasserfall (Slap Savica). Sie laufen 30 Minuten zur Berghütte Koča pri Savici (bis hierher kommt man auch mit Touristenbus und Auto, Parkgebühren 5 €), gehen dann am Flüsschen Savica entlang zur Kontrollstelle (Eintritt 3 €) und steil weiter über mehr als 500 Treppenstufen bergan. Die Anstrengung lohnt: Nach 20 Minuten erleben Sie, wie die Savica aus dem Fels herausschießt und 60 m in die Tiefe stürzt! Die schönsten Fotos schießen Frühaufsteher: Bis kurz nach 10 Uhr ist der Wasserfall von der Sonne beschienen – ein herrliches Farbenspektakel!

Bilderbuchdörfer

Nördlich von Ribčev Laz folgen dicht aufeinander mehrere hübsche Weiler mit mittelalterlichen Kirchen und schmucken Gehöften. Der erste ist **Stara Fužina,** wo der Besuch des **Sennereimuseums** lohnt (Planšarski muzej, Stara Fužina

Probieren Sie im Sennereimuseum den Bohinjer Käse! Mit seinem nussigen Geschmack erinnert der herkunftsgeschützte **Bohinjski mohant** ein wenig an Emmentaler.

181, Juli/Aug. Di–So 11–19, sonst Di–So 10–12 u. 16–18 Uhr, Nov./Dez. geschl., 3 €). Es ist in der ehemaligen Dorfmolkerei anno 1883 untergebracht und illustriert mit Fotos und Originalgegenständen die Geschichte der Almwirtschaft. Stara Fužina ist auch Start- und Endpunkt einer imposanten Wanderung zum Mostnica-Wasserfall (▶ S. 35). In **Studor,** dem nächsten Bergdorf, stehen auf den Wiesen mächtige Harpfen *(kozolci):* überdachte Holzgitter, auf denen das Heu trocknet. In der **Oplen-Kate** wird anhand einer alten Bauernstube gezeigt, wie die hiesigen Bewohner im 19. Jh. gelebt haben (Oplenova Hiša, Studor V Bohinju 16, Juli–Aug. Di–So 11–19, sonst Di–So 10–12 und 16–18 Uhr, Nov./Dez. geschl., 3 €). Von Studor ist es nicht mehr weit nach **Srednja Vas,** einem weiteren Bilderbuchdorf mit netten Lokalen.

⌂ **Entspannt in den Tag starten**
Jezero
Hotel am Ostufer, freundlich geführt mit 71 Zimmern und Gratis-WLAN. Attraktiv ist das 16 x 4 m große Hallenbad, das sich mit Panoramafenstern zur Natur öffnet; daneben gibt es Sauna und Fitness, Tennis und Minigolf. Zum Restaurant gehören Wintergarten und Sommerterrasse, gut ist das Frühstücksbüfett, lecker das Abendmenü. Der Bus hält vor der Haustür!
Ribčev Laz 51, T 04 572 91 00, www.hotel-jezero.si, DZ ab 120 €

⌂ **In schönster Natur**
Pension Stare
Alpenhaus nahe am See mit sonniger Terrasse und Garten, alle 10 Zimmer haben Balkon. Radverleih und geführte Bergtouren.
Ukanc 128, T 04 574 64 00, www.bohinj-hotel.com, DZ ab 100 €

⌂ **Nur fünf Minuten vom See**
Gasperin
Die Pension verfügt über 20 Zimmer und Apartments, alle ausgestattet mit einem Kühlschrank und Gratis-WLAN. Gutes Frühstücksbüfett und hilfreiches Personal, im Gemeinschaftsraum gibt es Bücher und Brettspiele.
Ribčev Laz 36-A, T 04 154 08 05, www.gasperin-bohinj.com, DZ ab 100 €

Hier schmecken Sie die Alpen! Käsespezialitäten im Sennereimuseum von Stara Fužina

Spektakuläre Runde – entlang der Mostnica

Die Mostnica-Klamm gehört zum Schönsten im Tal von Bohinj. Für heiße Tage ist vorgesorgt: In glatt geschliffenen Felsbadewannen können Sie sich erfrischen. Am Ende der Tour erwarten Sie Molkereiprodukte im Sennereimuseum von Stara Fužina.

Via Teufelsbrücke zum Wachhäuschen

Von der Bushaltestelle in **Stara Fužina** 1 läuft man vor bis zur Brücke, schwenkt links ein und folgt der längs des Baches verlaufenden Asphaltpiste in Richtung ›Hudičov most‹. Man kommt an blumengeschmückten Gehöften vorbei, quert eine kleine Brücke und läuft rechts des Baches weiter. Am Ortsausgang steht rechts das ehemalige Gutshaus Zoisov Grad, links das Apartmenthaus **Rabič** 1. Die Asphaltpiste geht in einen breiten Weg über, an einem Tor prangt die Aufschrift ›Zapirajte vrata‹: Wanderer werden gebeten, es nach dem Passieren zu schließen, damit sich die auf der Weide stehenden Kühe nicht davonmachen.

An der **Teufelsbrücke** 2 (Hudičov most, 20 Min.) stößt man ein erstes Mal auf die Mostnica und schaut hinab in die tiefe, zerklüftete Klamm. Hinter der Brücke biegen wir rechts ein und gehen ein Stück aufwärts, bevor wir am Nationalparkschild ›Korita Mostnice‹ rechts in den Waldweg überwechseln. Nach fünf Minuten stoßen wir auf eine Kreuzung mit einem urigen **Wachhäuschen** 3, wo der Rundweg ›7 Slap Mostnice‹ beginnt. Ein herrlicher Weg! Auf 2 km Länge hat sich die Mostnica-Klamm in den Kalkstein geschnitten. Ihre Wände fallen tief ab, an den engsten Stellen ist sie kaum einen Meter breit. Mal rauscht der Wildbach durch den Canyon, rasend schnell, doch kristallklar, mal verläuft er ebenerdig, ein sanft plätschernder Alpenbach. Vielerorts sind Strudellöcher zu sehen, ausgeschliffen durch im Wasser kreisende Steine. In einer Flussschleife hat sich ein kleiner ›Strand‹ mit glatt gewaschenen Gumpen ausgebildet –

T
TEUFEL

Satan persönlich, so heißt es, habe die **Teufelsbrücke** errichtet und als Preis die Seele jenes armen Schluckers verlangt, der als erster über sie hinwegschreiten würde. Niemand aus dem Dorf wollte sich opfern und die Brücke blieb ungenutzt. Eines Tages hatte ein kleines Mädchen eine geniale Idee: Sie rollte einen Brotlaib über die Brücke und ein Hund sprang hinterher – mit dessen Seele musste der Teufel vorlieb nehmen …

Am Slonček-Fels, der seinen ›Rüssel‹ wie ein Elefant ins Wasser taucht, können Sie Ihre Füße kühlen.

hier kann man sich erfrischen! Doch Vorsicht: die Mostnica ist eiskalt, die Wassertemperatur liegt gerade mal bei 10 °C! Ein paar Schritte flussaufwärts entdeckt man den Slonček-Fels, einen ›kleinen Elefanten‹, der seinen ›Rüssel‹ tief ins Wasser hält.

Am höchsten Punkt der Mostnica-Rundtour (50 Min.) muss man sich entscheiden: Wer sich mit einem kleinen Rundweg zufriedengibt, biegt hinter der **Češenjski-Brücke** 4 links ein (Richtung Stara Fužina) und läuft am Ufer der Mostnica in 20 Minuten zum Wachhäuschen zurück. Wir aber folgen der Haupttour (›Slap Mostnice‹) und laufen rechts steil aufwärts in den Mischwald hinein.

Über den Mostnica-Wasserfall zurück

Auf 690 m Höhe kann man an der **Schutzhütte** 5 (Planinska Koča na Vojah) eine kurze Rast einlegen. Weiter geht es durch Wiesen in einem sich ausbreitenden Almental, stets dem Richtungspfeil ›Slap Mostnice‹ folgend. Nach Querung einer Brücke ist die urige **Voje-Hütte** 1 erreicht, auf deren Terrasse man sich sogleich niederlassen möchte … Nur wenige Schritte sind es von hier zum **Mostnica-Wasserfall** 6 (Slap Mostnice, auch bekannt als Slap Voje und Slap Žum): Mit Wucht bricht das Wasser am Talschluss in einem 20 m hohen Bogen aus der Felswand (1.50 Std.).

Auf dem Rückweg – nun rechts des Flussufers – schließt man die Mostnica-Runde ab. Von einer Brücke hat man nochmals einen schönen Blick auf die Klamm mit ihren Strudellöchern, passiert abermals das **Wachhäuschen** **3**, die **Teufelsbrücke** **2** und die Pension **Rabič** **1**. Nun wieder auf Asphalt, ignoriert man die vom Hinweg bekannte Abzweigung zur Rechten und geht am hölzernen Heuschober geradeaus ins Dorf hinein. Am Flüsschen angelangt, biegt man rechts ein. Vom **Sennereimuseum** **7** (Planšarski muzej, ▶ S. 32) und der gegenüberliegenden Gaststätte sind es nur wenige Schritte zur Hauptstraße 633, auf der es rechts zum Bus nach Ribžev Laz zurückgeht (3.30 Std.).

INFOS

Der markierte, 10 km lange Weg startet und endet in Stara Fužina, knapp 2 km nördlich von Ribžev Laz (Busse mehrmals tgl.). Die Tour ist mit je 250 m im An- und Abstieg leicht, anstrengend ist nur der steile Aufstieg zum Mostnica-Wasserfall. Dauer: 3.30 Std.; für den Rundweg ab Wachhäuschen sind 3 € zu zahlen.

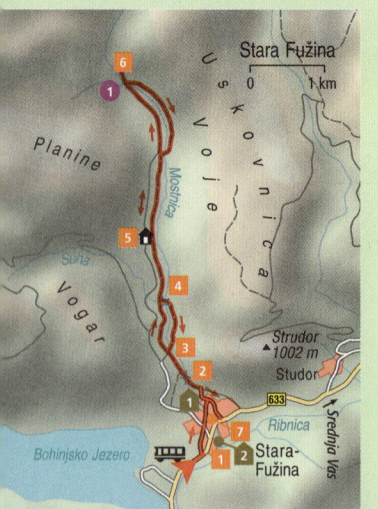

IN FREMDEN BETTEN

Rabič **1**

Im Haus am Weg zur Teufelsbrücke gibt es Apartments für 2–6 Pers., alle mit Gratis-WLAN, auch die Bootsmiete ist kostenlos. Frau Nuša Rabič bereitet auf Wunsch Mahlzeiten zu; da ihr Mann Jäger ist, wird oft Wild serviert (Stara Fužina 217, T 04 572 30 91, www.bohinj.com/rabic, DZ ab 56 €).

Planšar **2**

Frau Mlakar bietet über ihrem Lokal Gostilna Planšar (siehe rechts) ein Apartment sowie drei Zimmer, ideal für Familien ist die Almhütte Vogar (Stara Fužina 179, T 04 572 30 95, www.plansar.com, DZ ab 50 €).

KULINARISCHES FÜR ZWISCHENDRIN

Ein schöner Ort für eine Rast ist die **Voje-Hütte** **1** alias Okrepčevalnica Slap Voje. Oft gibt es hier Steinpilzsuppe oder Buchweizensterz, fast immer auch Apfel- und Topfenstrudel – alles ist hausgemacht, und alles schmeckt (Doline Voje, Stara Fužina 121, T 041 71 09 51, im Sommer tgl. 10–16 Uhr).

Faltplan: B 4 | Wanderung: Start und Ziel in Stara Fužina

AQUA PARK

Und wenn es mal regnet? Wie wäre es dann mit einem Ausflug zu den Pools und Saunen im **Aqua Park Bohinj** (Triglavska 17, Bohinjska Bistrica, T 08 200 40 80, www.vodni-park-bohinj.si, tgl. 9–21 Uhr)?

🏕 **Camping**
Zlatorog
Am 300 m langen Kiesstrand und nahe dem gleichnamigen Hotel; mit eigener Anlegestelle, Vergabe von Angellizenzen, Boots- und Radverleih, WLAN inkl.
Ukanc 65, T 04 202 08 00, http://camp-bohinj.si/de, 15. Mai–30. Sept., ab 15 € p. P.

🍽 **In rustikalem Ambiente**
Gostilna Planšar
Im Lokal gegenüber dem Sennereimuseum in Stara Fužina kehrt man gern ein: Hier serviert Museumsleiterin Lidija Mlakar auf Holztellern Käse- und Topfengerichte, Köstlichkeiten aus Alpenmilch. Auf dem Käseteller, von dem leicht zwei satt werden, befinden sich nebst Topfen, Bohinjer Emmentaler, würzigem Alm- und mildem Ziegenkäse auch eine Feinschmecker-Rarität: der cremige, pikantwürzige Mohant mit geschützter Herkunftsbezeichnung, der mit gekochten Kartoffeln serviert wird. Zur Käse-Degustation mundet ein Gläschen des roten Hausweins Brški Merlot. Gleichfalls lecker: Buchweizenkuchen und Strudel mit Quarkfüllung, Sauermilch und der hauseigene Schnaps.
Stara Fužina 179, T 04 572 30 95, www.plansar.com, Mo geschl., ab 8 €

🍽 **Knusprige Kruste**
Gostilna Rupa
Das beste Spanferkel weit und breit gibt es jeden Donnerstag bei Herrn Kusterle in Srednja vas – und das schon seit 30 Jahren! Nach vier Stunden über der Glut hat das Fleisch eine knusprige Kruste gewonnen und so viel Fett verloren, dass es herrlich zart schmeckt. Dazu werden pikantes Paprikamus *(ajvar)* und geröstete Kartoffelspitzen serviert. Meist um 18 Uhr kommt ein Akkordeonspieler dazu und entlockt dem Instrument fetzige Lieder mit Jodlern und Jauchzern. Nur schade, dass die Preise in den vergangenen Jahren so stark gestiegen sind …
Srednja vas 87, östlicher Ortsausgang, T 04 572 34 01, www.gostilna-rupa.si, tgl. 11–22 Uhr, ab 12 €

🌀 **Outdoor Centre**
PAC
Gute Anlaufstelle für Radfahrer (inkl. Verleih), Paragliding und andere Sportaktivitäten.
Ribčev Laz 60, T 04 572 34 61, www.pac-sports.com

🌀 **Alpinsport**
Kajak und Paragliding, Bergführungen, Klettern und Höhlentrips. Verleih von Sportgeräten und Mountainbikes.
Ribčev Laz 53, T 04 572 34 86, www.alpinsport.si

Die besten **Mountainbike-Touren** in und um Bohinj: http://de.wikiloc.com/routen/mountain-bike/slovenia/bohinj

ℹ **Infos und Termine**
TD Bohinj
Privatzimmer werden vermittelt und Souvenirs verkauft, man erhält den Veranstaltungskalender und den Busfahrplan; bei Erwerb der ›Bohinj Gastkarte‹ (Mobility Guest Card) kann man kostenlos parken, erhält Rabatt in Museen, bei der Rad- und Bootsmiete, an der Gondelbahn und in Bädern.
Ribčev Laz 48, T 04 574 60 10, www.bohinj-info.com, Juli–Aug. Mo–Sa 8–20, So 9–18, Sept.–Juni Mo–Sa 8–17, So 9–15 Uhr

Kuhball: Mitte Sept. Der Almabtrieb der Kühe wird groß gefeiert. Die Bewohner

Auch aus der Vogelperspektive ist der Blick auf den Bleder See fantastisch – doch zuerst müssen Sie die Burg auf der Klippe erklimmen!

präsentieren sich in volkstümlichen Trachten, es wird gesungen und zu Oberkrainer Volksmusik getanzt. Infos: www.kravjibal.bohinj-info.com

Bled 🗺 C 3

Wenn man das 1000-jährige Bled zum ersten Mal sieht, kommt man ins Schwärmen: Auf einem in schöne Farben getauchten See schwimmt eine Insel mit barocker Kirche, am hohen Felsufer thront eine Burg und im Hintergrund ragen die Karawanken auf. Zum Augenschmaus kommen weitere Vorteile hinzu: Die mächtigen Bergketten schützen den Ort vor dem kalten, unangenehmen Nordwind und garantieren das ganze Jahr über ein mildes Klima.

Traditionsreicher Kur- und Badeort
Der 8200 Einwohner zählende Ort ist das bevorzugte Urlaubsziel in den Julischen Alpen. Der habsburgische Hochadel hatte schon im 19. Jh. die Vorzüge des Ortes entdeckt. Von dem

Schweizer Arzt Arnold Rikli ließ man sich Naturtherapien verschreiben: Thermalwasser, Bergluft und Sonne dienten als Gegengift gegen die Dekadenz der Großstadt. 1903 gewann Bled den Preis als ›schönster Kurort des Kaiserreichs‹. Heute ist das Publikum bunter gemischt und international, neben Kurgästen kommen auch Aktivurlauber, Golfer, Ruderer und Wanderer.

Einmal den See umrunden
Zu Fuß, mit dem Fahrrad, der Kutsche oder dem Touristenzug: Um den Bleder See führt ein wunderschöner, 6 km langer **Promenadenweg**. Dabei kommen Sie an mehreren Aussichtsstellen vorbei, genießen den Blick auf den Burgberg und das Alpenmassiv, den See mit der Marieninsel, den Pletna-Booten und den graziösen Schwänen … Und wenn Sie bei der Vila Bled sind, können Sie durch den Hotelpark zum Belvedere hinaufsteigen: Dort hat Sloweniens Stararchitekt Plečnik eine Aussichtsplattform auf 30 m hohen Säulen geschaffen! Vielleicht haben Sie unterwegs auch Lust auf ein Bad? Rund um den See gibt es mehrere kleine **Strände,** die

Badesaison dauert von Juni bis Anfang Oktober. Dank der Thermalquellen auf der Nordostseite des Sees steigt die Wassertemperatur auf 22–24 °C an. Das öffentliche **Burgbad** (Grajsko Kopališče) befindet sich unterhalb des Festungshügels; wer **Thermalbäder** bevorzugt, geht ins Grand Hotel Toplice oder in die Hotels Park und Golf.

Titos Sommerresidenz

Unbedingt anschauen: die vom Präsidenten Tito so geliebte Vila Bled am Südufer inmitten eines 5 ha großen Parks. 1947 ließ er sie erbauen und empfing hier in den folgenden 33 Jahren illustre Gäste aus aller Welt. Fidel Castro, Muammar al-Gaddafi, Indira Gandhi und Willy Brandt: Sie alle lustwandelten durch den Park und genossen den Bilderbuchblick auf die Marieninsel. Die Villa, heute ein Hotel, steht allen Besuchern offen (gratis!) – Sie brauchen sich nur bei der Rezeption zu melden.

Hoch oben über dem Gletschersee
Blejski grad

Ein schattiger Fußweg führt zur mächtigen, auf einer 130 m hohen Klippe thronenden Burg am Nordufer des Sees. Die Bischöfe von Brixen ließen sie 1004 erbauen und herrschten von dort 800 Jahre lang. Heute ist sie in staatlichem Besitz und beherbergt ein Restaurant mit Top-Blick. Im Regionalmuseum wird

Eindrucksvoll ist das Gemälde im ›Kinosaal‹ der Vila Bled: Auf über 100 m² wird der Kampf der Jugoslawen im Zweiten Weltkrieg geschildert: von der Bombardierung Belgrads über die Bildung von Partisanenverbänden bis zur Befreiung; eine bosnische Landfrau mit roter, jugoslawischer Fahne führt die Marschierenden an.

Einst lebte auf der Bleder Burg die schöne **Polixena**. In tiefer Trauer um ihren von Räubern getöteten Mann gab sie für die Inselkapelle eine Glocke in Auftrag. Doch diese hat die Insel nie erreicht: Das Boot mit der wertvollen Fracht kenterte und die Glocke versank im Boden des 30 m tiefen Sees. Von dort erklingt – in klaren Nächten – ihr Läuten noch heute. Sobald Polixena dies erfuhr, verließ sie Bled, um den Rest ihres Lebens in einem Klosterorden in Rom zu verbringen. Nach ihrem Tod wurde auf Geheiß des Papstes im Jahr 1534 eine neue Glocke für die Inselkirche gegossen. Wer sie eigenhändig zu Ehren Marias läutet, darf hoffen, dass ihm ein Wunsch erfüllt wird …

die historische Entwicklung der Stadt anschaulich nachgezeichnet: Funde und Dokumente reichen von der slawischen Besiedlung im 7. Jh. über die Zeit, da die Region erst unter fränkischer, dann unter deutscher Oberhoheit stand, bis zum slowenischen Neubeginn.

Grajska 25, www.blejski-grad.si/ceniki, April–Okt. tgl. 8–20, im Winter bis 18 Uhr, Eintritt 11 €

Bootsfahrt zur Marieninsel
Otok Sv. Marija

Mit der romantischen *pletna*, einer überdachten Gondel, können Sie sich zur Marieninsel übersetzen lassen, auf der in heidnischer Zeit der slawischen Liebesgöttin Živa gehuldigt wurde. Über 99 Stufen steigt man zur Barockkirche hinauf, die Schätze aus der gotischen Vorgängerkirche birgt: Fresken im Presbyterium und die Holzstatue der Muttergottes, die, wie man vermutet, den Hauptaltar geschmückt hatte. Von 1534 stammt die ›Wunschglocke‹ im oberen Dachreiter. Sie wurde in der Folge durch Erdstöße und Blitze mehrfach beschä-

ÜBRIGENS

Mehrere Lagen hauchdünnen Blätterteigs, dazwischen zarte Vanillecreme und obendrauf ein Sahnehäubchen: Diese Kalorienbombe darf man sich ruhig leisten, wenn man den ganzen Tag im See geschwommen oder gerudert ist! Verkauft wird die Bleder Kremšnita in allen Ufercafés, besonders gut schmeckte sie mir in der Konditorei **Šmon**, wo ich mich von Klemens auch gleich noch zum ›Scheiterhaufen‹ *(grmada)* verführen ließ, einer köstlichen Mixtur von Rosinen, Nuss- und Schokocreme (Grajska 3, T 04 574 16 16, tgl. 7.30–21 Uhr).

digt, doch immer wieder renoviert. Der heutige Glockenturm ist 54 m hoch und birgt drei Glocken.

T 04 576 79 00, www.blejskiotok.si, im Sommer tgl. 9–19, sonst bis 16 Uhr, Inselbesuch inkl. Glockenturm 6 €, Bootspassage ab 12 €

🏠 Zu schön, um nur zu schlafen
Vila Bled

Im Stil der Neuen Sachlichkeit mit viel Marmor und endlosen Parkettfluren: In Sloweniens bekanntestem Hotel stehen 30 Zimmer und Suiten zur Wahl – mit Blick auf den See oder den Park. In Suite 320 kann man nächtigen wie einst Präsident Tito, im Konferenzraum von seinem Schreibtisch Mails verschicken. Das Ambiente ist freundlich und erstaunlich locker, toll ist das Frühstück auf der aussichtsreichen Terrasse. Kostenlos ist die Benutzung des Spas und des hoteleigenen Badeplatzes, auch das Ruderboot ist frei.

Cesta svoboda 26, T 04 579 15 00, facebook: hotel Vila Bled, DZ ab 210 €

🏠 Engagierte Leitung
Penzion Mayer

Schmuck renovierter Gutshof von 1888 in ruhiger Lage, zum See läuft man

knapp 10 Minuten. Alle 12 Zimmer sind geräumig und komfortabel eingerichtet, vom Balkon genießt man die Nachmittagssonne. Sehr gut ist das Frühstücksbüfett, die Eier werden wunschgerecht zubereitet.

Želeška 7, T 04 576 57 40, www.mayer-sp.si, DZ 90 €

🏠 Behaglich und ordentlich
Penzion Mlino

Pension mit 13 Zimmern am Südufer des Sees, angeschlossen ist ein Ausflugslokal. Von der Anlegestelle vorm Haus setzt man per Boot zur Marieninsel über.

Cesta svoboda 45, T 04 574 14 04, www.mlino.si, DZ ab 110 €

🍴 Chillig am See
Vila Prešeren

Auf der Terrasse genießt man bei hausgemachtem Eis, gutem Kaffee oder einem Glas Wein den Ausblick auf den Bleder See. Wer frühstücken will, hat die Wahl zwischen klassisch, amerikanisch oder auf Wiener Art. Tagsüber mediterrane Gerichte durchschnittlicher Qualität, Sandwiches und Snacks. Das Haus hat auch 8 DZ.

Veslaška Promenada 14, T 04 5 75 25 10, www.vilapreseren.si, tgl. 8–24 Uhr, Gerichte ab 14 €

🍴 Slowenisch fein
Mayer

Stilvolles Restaurant mit slowenischen Spezialitäten: Pilzsuppe im Brotmantel, geräuchertes Forellenfilet, Lammkotelett oder Rehgulasch, dazu bester slowenischer Wein und als Digestif ein Blaubeerschnaps.

Želeška 7, T 04 576 57 40, www.mayer-sp.si, Di–So 18–24 Uhr, ab 14 €

🍴 Gartenlokal
Mlino

Am Südufer des Bleder Sees genießt man in lockerem Ambiente slowenische Klassiker wie Räucherforelle mit Meerrettich oder Wildpastete mit Preiselbeeren. Auf der Karte entdecken Sie auch die bekannten Balkanteller, z. B. Čevap Hadžija und Mučkalica: pikanter Gulasch, serviert in der Papiertasche oder im Kupferkessel.

Schnell und freundlich ist die Bedienung,
ihre gute Laune steckt an!

Cesta svobode 45, T 04 574 14 04, www.
mlino.si, tgl. 8–22 Uhr, ab 10 €, dreigängiges
Menü 16 €

🍴 Schwerpunkt indisch
Okarina

Typische Balkanküche, aber auch
Pastagerichte und vor allem Kostproben
aus Indien: ob Pakoras, Samosas oder
Tandoori – alles geschmackvoll zubereitet! Wegen des Autoverkehrs speist man
besser drinnen.

Ljubljanska 8, T 04 5 74 14 58, www.okarina.
com, ab 9 €

🚣 Bootstouren
Beim Bootshaus der Burg, in Mlino und
am Campingplatz Bled kann man Ru-
derboote mieten. Weniger Aktive lassen
sich zur Insel übersetzen: im Elektroboot
oder in der gondelähnlichen Pletna
(z. B. ab Kurpark oder ab Mlino).

🥾 Wandern
Markierte Touren starten nordwärts zur
Vintgar-Schlucht (► S. 42), westwärts
zur Pokljuka-Klamm und südostwärts
zum Aussichtspunkt Straža.

ℹ Infos und Termine
TIC

Das Info-Büro versorgt mit Touren-
vorschlägen für Radler, Wanderkar-
ten, Broschüren, Angellizenzen und
Souvenirs.

Cesta svobode 10, T 04 574 11 22, www.bled.
si, Juli/Aug. Mo–Sa 8–21, So 9–17, sonst Mo–
Sa 8–18, So 9–16 Uhr

Infocenter Triglavska Roža Bled

Im Besucherzentrum des Triglav-Nationalparks erhält man Infos zu Geschichte und Geologie, Flora und Fauna,
ein Laden wirbt mit kulinarischen
Spezialitäten. Auf Wunsch kann man

Der Campingplatz von Bled liegt am Südwestufer des Sees – Traumblick inklusive.

Am Ende ein Wasserfall – **die Vintgar-Klamm bei Bled**

Vier Kilometer nördlich von Bled wandert man auf Holzstegen und über Brücken durch eine dunkle Schlucht. Dicht schießen die Felswände zusammen, Forellen flitzen durch die Strudel der ▼ **wilden Radovna.**

Die Gelehrten rätseln: Leitet sich der Name ›Vintgar‹ vom deutschen Wort ›Weingarten‹ ab? Hat der Begriff etwas mit den Weinbergen im nahen Podhom zu tun? Aber warum gibt es dann auch andere Schluchten, die so benannt sind, z. B. nahe Bohinj und Slovenska Bistrica? Ist es vielleicht allen gemein, dass die Form der Klamm an ein Weinglas erinnert?

Von der Stadt in die Natur

Von der **Touristeninfo** 1 am Ostufer des Bleder Sees läuft man auf der Cesta svobode zum Busbahnhof und biegt dort links ein in die Grajska cesta, die alte ›Burgstraße‹ (s. kulinarische Tipps!). Auf ihr geht es bergauf zur Prešernova. Nach 200 m verlassen wir diese nach rechts auf der Partizanska (›Podhom 1,7 km‹) und biegen links in die wenig befahrene Cesta v Vintgar ein. Stetig bergauf führt sie durch ein ländliches Tal. Im Dorf **Podhom** verweisen Schilder auf die Schlucht.

Wir passieren eine Gaststätte und zahlen an einem Holzhaus die Eintrittsgebühr, betreten die **Vintgar-Klamm** 2 (Soteska Vintgar, 1.15 Std.) und folgen dem Wildbach flussabwärts: So dicht schießen die Wände zusammen, dass kaum ein Sonnenstrahl nach unten dringt. Viermal wird der wilde Fluss gequert, es geht vorbei an Stromschnellen und quirligen Pools. Driften die Schluchtwände wieder auseinander, läuft man unterhalb einer hohen Steinbrücke und passiert einen Staudamm. Wenig später kann man sich in einem Holzhaus mit Kleinigkeiten stärken, bevor man zum **Wasserfall Šum** 3, dem Highlight der Tour, hinabsteigt (1.45 Std.): Wir queren eine Brücke und biegen links ein – in einem 13 m hohen Bogen ergießt sich der Wasserfall in ein türkisfarbenes Becken.

Retour durchs ›alte‹ Bled

Zurück am Holzhaus biegen wir links in den Weg nach Katarina/Bled ein. Erst aufwärts, dann höhehaltend geleitet uns der Waldweg auf einen

634 m hohen Berg mit der befestigten **Wallfahrts-kirche** 4 (Sv. Katarina). Von der Terrasse eines Lo-kals bietet sich ein Panoramablick über das obere Sava-Tal.

Via Zasip können Sie schnurstracks nach Bled zurücklaufen. Schöner jedoch ist es, dem Rich-tungsschild ›Vintgar-Gorje‹ zu folgen. Der Weg führt durch eine offene Wiesenlandschaft, mehr-fach sind Weidezäune zu übersteigen. Kurz nach Passieren eines Gehöfts meldet sich die Radovna mit lautem Getöse ›zu Wort‹.

Am Eingang zur Vintgar-Klamm geht es auf der vom Hinweg bekannten Route via **Podhom** zurück. Von der Grajska biegen wir rechts ab in die Riklijeva, eine der schönsten Gassen des ›al-ten Bled‹. Wir passieren die Gostilna Murka und die freskengeschmückte **Martinskirche** 5 (Sv. Martina), danach geht's die Böschung hinab zur Promenade, auf der wir zurückkehren nach **Bled** (4 Std.).

Idylle in der Nähe der wilden Vintgar-Klamm

INFOS/ÖFFNUNGSZEITEN

Touren-Info
Vierstündiger, 12 km langer Weg. Die Schlucht ist Mai–Okt. tgl. 8–19 Uhr zugänglich, Eintritt 4 €.

Anfahrt
Bis zum Eingang der Klamm ist die Tour auch per Auto und Rad machbar. Im Sommer (Mitte Juni – Ende Sept.) startet ein Touristenbus um 10 Uhr am Bleder Busbahnhof und hält an mehre-ren Hotels am Südufer des Sees, bevor er die Klamm um 10.30 Uhr erreicht; Rückfahrt 12.30 Uhr.

KULINARISCHES FÜR ZWISCHENDRIN

Am Eingang zur Schlucht gibt es Eis und Getränke, auf dem Rückweg günstige Tagesgerichte in der **Gostilna Murka** 1 mit blumenumranktem Rundhof (Riklijeva cesta 9, T 04 574 33 40, http://gostilna-murka.com, tgl. 12–23 Uhr, ab 6 €).

Faltplan: C 3 | **Wanderung:** Start und Ziel in Bled

Wanderführer anheuern und Plätze in Berghütten reservieren.
Ljubljanska 27, T 04 578 02 05, www.tnp.si, Di–So 10–18 Uhr

Touristenzug: Bei schönem Wetter 10–18 Uhr Seeumrundung alle 45 Min. Der Fahrplan hängt an den Haltestellen aus. Außerdem verkehrt im Juli/August ein **Hop-on-Hop-off-Bus** zwischen Bled und Bohinj, Radovljica und Kropa.

Kutschfahrten/Blejski Fijakerji: In 30 Min. fährt man rund um den See (40 €, 2 Pers.), auf Wunsch auch zur Burg oder zur Vintgar-Klamm. Die Haupthaltestelle befindet sich am Festivalsaal (Festivalni dvorani). Infos: www.fijaker-bled.si

Ruderregatta: Anfang Juni. Internationaler Wettbewerb auf dem Bleder See.

Sommer in Bled: Meist freitags finden Konzerte in der Burg, der Marien- und Martinskirche statt. Am 3. oder 4. Wochenende im Juli (Bleder Nacht) erstrahlen auf dem See Tausende kleiner Kerzen in Eierschalen. Dazu gibt es eine Kunsthandwerksmesse und ein riesiges Feuerwerk. Beim Okarina-Ethnofestival im August treten in- und ausländische Musikgruppen auf.

Im Imkereimuseum von Radovljica erfahren Sie alles über slowenischen Honig.

Radovljica 🗺 C 3

Mit seinem mittelalterlichen Stadtkern zählt das 6 km südöstlich von Bled gelegene Radovljica zu den attraktivsten Zielen des Landes. Stolz thront es auf einer Bergterrasse, die zum Sava-Tal hin fast senkrecht abfällt.

Mit historischer Patina

Alle Sehenswürdigkeiten konzentrieren sich auf den Linhart-Platz, ein harmonisches Ensemble bürgerlicher und adliger Denkmäler aus der Zeit der Renaissance und des Barock. Vorbei am früheren Gericht (heute Museum) gelangt man zum romantischen Kirchplatz.

🍴 Das Auge isst mit
Kunštelj

Anton Stiherle, in der ganzen Region als ›Toni‹ bekannt, ist Besitzer des Gasthofs, doch für den Erfolg garantiert heute seine Tochter Maja. Die passionierte Köchin liebt es, slowenische Klassiker fantasievoll abzuwandeln. Im Sommer sitzt man mit Bergblick unter Kastanienbäumen, im Winter wärmt man sich am Kachelofen der Jägerstube.
Gorenjska 9, T 04 531 51 78, www.kunstelj.net, Fr–So u. Di/Mi 10–22 Uhr, ab 9 €

🍴 Sollte man probieren
Lectar

Eine köstliche Pilzsuppe im Brotlaib, dann ein deftiger Bauernschmaus und schließlich das hausgemachte Eis. Das angenehmste Ambiente herrscht abends im Kaminzimmer, wo oft Folklore-Musiker auftreten. Werfen Sie auch einen Blick ins Lebkuchenmuseum!
Linhartov trg 2, T 04 537 48 00, www.lectar. com, Mi–Mo 12–22 Uhr, im August geschl., ab 10 €

❶ Infos
TIC

Buchung von Unterkünften, Verkauf von Karten für Wanderer und Radfahrer.
Linhartov trg 9, T 04 531 51 12, www.radolca. si, Juni–Sept. 9–19, sonst bis 16 Uhr

![Blumige Stillleben und Musikinstrumente – Souvenirs aus Radovljica]

Blumige Stillleben und Musikinstrumente – Souvenirs aus Radovljica

IN DER UMGEBUNG

Alpenfolklore
Begunje 🗺 C 3

Alpenfolklore erklingt im Gasthaus Avsenik in Begunje, 5 km nördlich von Radovljica. Es gehört samt Galerie Gregorji Avsenik, dem Sohn von Slavko, Begründer der legendären Original Oberkrainer Volksmusik. Übernachten können Sie auch: Fünf schöne Zimmer stehen bereit, teilweise mit Blick auf die Julischen Alpen.

Begunje 21, T 04 533 34 02, www.avsenik.com, Di–Sa 11–22, So 11–20 Uhr, Gerichte ab 8 €, Konzerte ab 10 €, 3 DZ ab 95 €

Schmiedekunst
Kropa 🗺 C 4

Das malerische, 11 km südlich gelegene Dorf an der schäumenden Kroparica ist für sein Schmiedehandwerk berühmt. An den Häusern sieht man originale Gitter, Türklinken und Fußabtreter. Im Schmiedemuseum werden die Arbeitsprozesse vom Gießen des Eisens bis zum Schmieden dargestellt.

Kovaški muzej, Kropa 10, www.radolca.si, Mai–Okt. Di–So 10–18 Uhr, sonst kürzer, Eintritt 3 €

B
BIENEN

Wussten Sie schon, dass eine Königsbiene über ein Reich von 400 Drohnen und 60 000 Arbeiterinnen herrscht? Und dass die Geburt ihrer Tochter mit einem ›Lied‹ gefeiert wird, worauf die Mutter das Weite sucht? All dies erfahren Sie im **Imkereimuseum.** Dort werden Sie auch über all das informiert, was die Bienen produzieren: Honig, Pollen, Gelee royal, Propolis und Wachs. Kurios sind die bunt bemalten Stirnbretter der Bienenstöcke (Čebelarski muzej, Linhartov trg 1, http://mro.si/deutsch, Mai–Okt. Di–So 10–18 Uhr, sonst kürzer, Jan./Feb. geschl., 3 €).

Küste und Karst

Was gibt es Schöneres als einen Spaziergang am Meer – bei sanft rauschenden Wellen … Wenn dann noch die Sonne am Horizont versinkt und ringsum die venezianischen Palazzi leuchten, fühlen Sie sich leicht und beschwingt. Koper, Izola und vor allem Piran – drei vortreffliche Hafenstädte! Dagegen eröffnet sich im Hinterland eine ganz andere Welt: Die Gebirgslandschaft des Karsts mit versteppten Hochebenen und Dörfern aus Naturstein wirkt fast wie eine Wildnis – dort genießen Sie Ruhe und Einsamkeit.

Koper B 7

Koper ist mit seinem großen Hafen Sloweniens ›Tor zur Welt‹. Sehenswert ist die venezianisch geprägte Altstadt. Sie liegt auf einer Insel, die durch einen Damm mit dem Festland verbunden ist. Verkehrsberuhigte Gassen und Plätze, helle Häuser und Palazzi sorgen für ein entspanntes Ambiente.

Hafenstadt mit Flair

Die Geschichte der Stadt lässt sich am Wechsel ihrer Namen ablesen: Unter den Griechen hieß sie Aegida, unter den Römern Caprea (›Ziegeninsel‹). Die Byzantiner tauften sie Justinopolis, die Venezianer Capo d'Istria (von lat. Caput Histriae, ›Kopf Istriens‹). Die Slowenen schließlich gaben ihr den Namen Koper zurück – so hatten die Slawen sie genannt, die ab dem 6. Jh. hier lebten.

F
FEST

Sladka Istra: ›Süßes Istrien‹ – unter diesem Titel steht Mitte September ein zweitägiges Fest süßer Köstlichkeiten und Nachspeisen (http://sladka-istra.si).

Spaziergang über den Tito-Platz

Zwei flankierende Türme und eine zinnenbewehrte Attika verleihen dem im 15. Jh. erbauten **Prätorenpalast** an der Südseite von Kopers schönstem Platz ein festungsartiges Aussehen (Pretorska palača, Titov trg 3, tgl. 9–20, im Winter 9–17 Uhr, Gratisführungen Juli/Aug.). Hier logierte der Praetor, der vom venezianischen Dogen ernannte Statthalter von Koper. Aufgelockert wird die Fassade durch Büsten und Wappen ehemaliger Herrscher, durch Portale, Fenster und Balkone. Gegenüber befindet sich die **Loggia**, ein elegantes Arkadenpalais in venezianischer Gotik von 1464. Reiche Kaufleute trafen sich darin zu rauschenden Festen.

Die Ostseite des Platzes wird von der **Kathedrale** eingenommen, die sich mit Elementen der Gotik und Renaissance in das architektonische Ensemble des Platzes einfügt (Stolnica, tgl. 7–12 und 15–19 Uhr, Eintritt frei). Ihr barockisierter Innenraum birgt eine Schatzkammer, geschnitztes Chorgestühl sowie wertvolle Marienbildnisse des berühmten venezianischen Malers Vittore Carpaccio (ca. 1465–1526). Vom seitwärts angebauten Glockenturm bietet sich ein grandioser Blick über die Stadt (tgl. 10–13 und 16–19 Uhr, 2,50 €). Über 204 Stufen erreicht man die 43 m hohe Aussichtsplattform.

Und weiter in Richtung Hafen

Geht man über die malerische Kidričeva in Richtung Hafen, sieht man zur Linken das venezianische **Palais Belgramoni-Tacco.** In seinen Museumsräumen werden archäologische und kunsthandwerkliche Sammlungen ausgestellt, u. a. Gemälde von Benedetto Carpaccio, dem Sohn Vittore Carpaccios (Pokrajinski muzej, Kidričeva ul. 19, www.pokrajinskimuzejkoper.si, Di–Fr 8–16, Sa/So 9–17 Uhr, 6 €). Zum Museum gehört auch die Muzejska Galerija nebenan, wo wechselnde Ausstellungen gezeigt werden (Mi–Fr 8–16, Sa 8–17 Uhr, 1 €).

Badefreuden mit Einschränkung

An warmen Tagen möchte man sich gern mit einem Sprung ins Meer erfrischen. Tatsächlich gibt es entlang des etwa 500 m langen, betonierten Uferstreifens **Badestege, Pools** und **Kinderbecken.** Doch die Freude wird ein wenig getrübt: Im Hintergrund sieht man Industrieanlagen.

🏨 Mitten in der Altstadt
Koper

Dreistöckiges, etwas in die Jahre gekommenes Hotel mit 55 Zimmern, einige mit Blick auf die Bucht.
Pristaniška 3, T 05 610 05 00, www.termecatez.si, DZ ab 100 €

🏨 Mit großem Aquapark
Žusterna

Das Hotel mit über 100 Zimmern liegt 2 km westlich der Stadt und ist vom Meer durch eine Straße getrennt. Der angrenzende Aquapark ist der größte an der slowenischen Küste.

Istrska 67, T 05 610 03 00, www.terme-catez.si, DZ ab 120 €

Das **Loggia Café** ist eines der schönsten Cafés in Slowenien! Man sitzt unter eleganten Arkaden mit Blick auf die Kathedrale und beobachtet das Treiben auf dem Platz. Seit 1846 treffen sich hier Künstler und Intellektuelle – Italo Svevo und Richard Hughes haben es literarisch verewigt. Mit Galerie und Konzertsaal (Loggia Café, Titov trg 1, 8–22 Uhr).

🍴 Eine Taverne, fast noch authentisch
Istrska Klet

Das traditionsreiche Gasthaus in einem Palazzo der Altstadt ist ein beliebter Treff. Es gibt guten Wein vom Fass (Refošk, Malvasier), dazu istrische Hausmannskost wie bobič (Gemüse-eintopf) und *krajnska klobasa z zeljem* (Krainer Wurst mit Sauerkraut), dazu ein täglich wechselndes dreigängiges Menü.

Župančičeva 39, T 05 627 67 29, So–Fr 7–22 Uhr, ab 10 €

Viele Cafés und Lokale findet man am **Hafen** (Marina), in der **Čevljarska** und am **Domplatz** (Titov trg).

ℹ️ Infos
TIC

Vermittlung von Privatzimmern, man bekommt auch viele Tipps.

Titov trg 3, 6000 Koper, T 05 664 64 03, www.koper.si, Juni–Sept. 9–20, sonst 9–17 Uhr ·

Izola 🗺 B 7

Die idyllische Kleinstadt hat alles, was man sich von einem mediterranen Küstenort wünscht: mittelalterliche Gassen und pastellfarbene Häuser, einen alten, vom Kirchturm überragten Fischerhafen sowie eine von Cafés und Terrassenlokalen gesäumte Uferpromenade.

›Kleines Inselchen‹

In der Altstadt stößt man vielerorts auf venezianische Spuren, so an den Palazzi Manzioli und Lovisato hinter der Marienkirche. Im Palais Besenghi degli Ughi, dessen Fassade mit Stuckaturen im Stil des Rokoko geschmückt ist und der einen freskengeschmückten Saal birgt, ist heute die Musikhochschule untergebracht. Über die autofreie Uferpromenade gelangt man zum schmucken **Yachthafen,** danach geht es zur Anhöhe Belvedere hinauf – mit herrlichem Blick auf die Bucht von Triest!

🏨 Direkt am Hafen
Marina

Altstadthotel mit 52 Zimmern, fast alle mit Balkon und Adria-Blick. Auch für Urlauber, die nicht im Hotel wohnen, ist das angeschlossene Restaurant zu empfehlen: mit Terrasse und guter istrischer Küche.

Veliki trg 11, T 05 660 44 12, www.hotelmarina.si, DZ ab 115 €

🏨 Am Strand und im Grünen
San Simon Resort

Herzstück der bei Familien beliebten Ferienanlage mit 225 Zimmern ist das Komforthotel Heliaetum, doch auch Mirta hat inzwischen 4-Sterne-Niveau. Preiswerter sind die Dependancen Korala und Perla, Sirena und Park. Nur 100 m läuft man zum Kiessandstrand (mit Wasserrutsche), das Hallenbad bleibt im Juli und August geschlossen. Auch im Angebot: Wellness, Tennis und Minigolf. Der Yachthafen liegt 10 Gehminuten entfernt.

BADEN

Wollen Sie einen halben Tag am Meer verbringen? Am schönsten können Sie das am Kiesstrand in der Bucht unterhalb des San Simon Resort (Simonov zaliv): mit Badesteg und Wasserrutschbahn!

Morova 6-A, T 05 660 31 00, www.hotelibernardin.si, DZ ab 95 €

🍴 Hafenflair
Sidro
Beliebte Trattoria an der Promenade, zwei Minuten zu Fuß vom TIC. Am schönsten sitzt man unterm Sonnenschirm mit Blick auf die Yachten. Vlado serviert z. B. Haifisch in pikanter Paprikasoße, schwarzes Risotto und panierte Sardinen.

Sončno nabrežje 24, T 05 641 47 11, tgl. 8–23 Uhr, im Winter Do Ruhetag, ab 10 €

ℹ️ Infos und Termine
TIC
Infos zu Festen und Veranstaltungen, außerdem könnenSie Ausflüge und Aktivitäten buchen.

Ljubljanska ul. 17, 6310 Izola, T 05 640 10 50, www.visitizola.com, Juni–Sept. Mo–Sa 9–19, So 9–17 Uhr, Okt.–Mai Mo–Fr 9–16, Sa 10–14 Uhr

Sommer in Izola: Juli–Aug. Während der Hauptferienzeit gibt es im steten Wechsel Konzertabende, Grill- und Fischerfeste.

IN DER UMGEBUNG

Naturgeschützte Bucht
Strunjan 🗺️ B 7
Die Salzgärten von Strunjan, die einst den Reichtum der Region begründeten, sind heute stillgelegt und dienen Silbermöwen und Reihern als Nistplatz. Wer hier seinen Urlaub verbringt, genießt Ruhe. Spazierwege führen entlang hoher Klippen nach Izola und Piran.

Piran 🗺️ A 7

Piran steht unter Denkmalschutz, ist die romantischste und am besten erhaltene Stadt an der slowenischen Küste. Malerisch liegt sie auf einer weit ins Meer ausgreifenden Halbinsel, auf drei Seiten wird sie vom Meer umspült.

Sloweniens Schönste
Der historische Ortskern mit zwei Hauptachsen und mehreren Quergassen erstreckt sich vom Tartinjev trg bis etwa zum Leuchtturm. Hier begegnet man auf Schritt und Tritt Zeugnissen der venezianischen Vergangenheit. An den Fassaden von Palästen und Kirchen, an Brunnen und Plätzen entdeckt man das Symbol der Lagunenstadt, den geflügelten Löwen. Von 1283 bis 1797, also fast 500 Jahre, gehörte Piran zur Venezianischen Stadtrepublik.

Quer durch die Stadt
Ein Muss für alle Besucher ist der **Tartini-Platz** 1 und der Aufstieg zur **Georgskathedrale** 3 (▸ S. 53). Muße ist an der malerischen Uferpromenade angesagt. Dort reihen sich Cafés und Terrassenlokale aneinander, auf Felsplatten können Sie ein Sonnenbad nehmen oder über eine Eisenleiter ins Meer steigen. Einen Abstecher lohnt der Prvomajski trg mit einer hübschen Barockzisterne, und auch der ›Jüdische Platz‹ (Židovski trg) hat nichts von

Den besten Blick auf Küste und Stadt hat man von den **Stadtmauern** 4, die Piran im Südwesten vom Hinterland abschirmen. Im 15. Jh. aus Furcht vor Türkenangriffen errichtet, blieben sie auf einer Länge von 300 m erhalten. Mit Zugang über die Ulica IX Korpusa.

PIRAN

Sehenswert
1. Tartini-Platz
2. Franziskanerkloster
3. Georgskathedrale
4. Stadtmauern
5. Punta
6. Seefahrtsmuseum
7. Unterwassermuseum

In fremden Betten
1. Piran
2. Tartini
3. Val
4. Max

Satt & glücklich
1. Café Tartini
2. Café Teater
3. Pavel & Pavel
4. Verdi

Stöbern & entdecken
1. Benečanka

Sport & Aktivitäten
1. Sub-net

---

seinem alten Zauber verloren. An der äußersten Spitze, der **Punta** 5, steht ein kleiner Leuchtturm, der Schiffen den Weg weist. Sein Feuer (griech. pyros), von dem der Ort seit der Antike seinen Namen hat, leuchtet heute vollautomatisch.

Meereskunde am Hafen

Die Uferpromenade mündet in den Hafen, wo bunte Kutter neben Jachten liegen, Fischer ihre Netze einholen und den Fang sortieren. Passend zur Umgebung hat die Stadt zwei Museen eröffnet, die sich beide dem Meer verschrieben haben. Gar zu einfach ist das **Aquarium** (Kidričevo nabrežje 4, im Sommer 9–20, sonst bis 17 Uhr, Eintritt 5 €) an der nördlichen Hafenseite. Gegenüber zeigt das **Seefahrtsmuseum** 6 Schiffsmodelle aus dem Mittelalter bis zur Gegenwart, Bugfiguren und von Seeleuten gestiftete Votivbilder sowie Dokumente zur Fischerei und Salzgewinnung (Pomorski muzej Sergej Mašera, Cankarjevo nabrežje 3, www.pomorskimuzej.si, Juli/Aug. Di–So 9–12 u. 17–21, sonst 9–17 Uhr, 4,50 €). Ums Tauchen dreht sich alles im **Unterwassermuseum** 7: Wracks auf dem Meeresgrund sind zu sehen, U-Boote und vieles mehr (Muzej podvodnih dejavnosti, Županičeva 24, www.muzejpodvodnihdejavnosti.si, Juni–Sept. Di–So 10.30–20, sonst 11–18 Uhr, 4,50 €).

Venezianisches Erbe – in Piran

Kontrastprogramm zum Alpentrip: Das Küsten-städtchen, das jahrhundertelang zu Venedig ge-hörte, verströmt mediterranen Charme. Palazzi aus Marmor und lichtdurchflutete Piazzas, ein bunter Fischerhafen und hoch auf dem Berg ein Campanile machen Piran zur ›Perle der Adria‹.

Der Tartini-Platz – die Visitenkarte Pirans

Der zentrale, für Autos gesperrte **Tartini-Platz** ▮1
(Tartinijev trg) ist einer der schönsten Plätze Slo-weniens: Gleißend heller Stein bedeckt sein Oval, ringsum stehen kleine Palazzi, Cafés und Gale-rien. An der Nordseite prunkt das klassizistische Rathaus, rechts davon ein gotisches Patrizierhaus mit reich geschmückter Fassade, das Benečanka (›Venezianerhaus‹). Erbaut wurde es von einem reichen venezianischen Kaufmann für seine Ge-liebte, eine junge Piranerin. »Lass sie reden« *(lassa pur dire)* ließ er provokant in die Fassade meißeln. Heute werden im Haus ausgefallene Mitbringsel verkauft, u. a. ›Salzblume‹ und Salz-schokolade von den Sečovlje-Salinen.

Auf einem hohen Podest in der Platzmitte er-hebt sich das Tartini-Denkmal. Die überlebens-große Bronzestatue wurde zum 200. Geburtstag des Komponisten und Geigenvirtuosen Giuseppe Tartini (1692–1770) aufgestellt; geboren wurde der ›Teufelsgeiger‹ in der **Tartinjeva Hiša,** einem Haus an der Ostseite des Platzes. Schräg gegen-über in der Touristeninfo erfährt man, welche Stars im August zum Tartini-Festival kommen.

Hinauf zur Georgskathedrale

Den Platz verlässt man an der kleinen Peterkir-che (Cerkev Sv. Petra) und folgt der Bolniška über ausgetretene Stufen. Auf dem Weg nach oben geht es vorbei an pastellfarbenen, wetter-gegerbten Häusern. Nachbarn unterhalten sich quer über die Gasse, Kinder tollen umher – alles ist so, wie man sich ›den Süden‹ vorstellt. Un-

NOCH WAS

Ein Tipp für den Rückweg: Steigen Sie von der Kathedrale über gewundene Gassen zu Pirans Landspitze hinab. Dabei werden Sie sich ins Mittelalter versetzt füh-len, passieren Häuser mit Steinportalen, Wappen und Reliefs.

Pirans Schönheit können Sie nicht entgehen – Türme, Paläste und Pastellfarben selbst auf Autodächern.

terwegs kommt man am mittelalterlichen **Franziskanerkloster** 2 (Sv. Frančišek) vorbei, dessen lichtdurchfluteter Kreuzgang im Sommer einen festlichen Rahmen für die wöchentlichen Konzerte abgibt. Im Untergeschoss ist eine Gemäldesammlung venezianischer Maler zu sehen, ein Film führt in die Stadtgeschichte ein. In der zugehörigen Kirche lohnt ein Blick auf den Baldachin, den der aus Koper stammende Vittore Carpaccio schuf – ein Meister der venezianischen Renaissance.

Hoch oben, über den Dächern der Stadt, thront die **Georgskathedrale** 3 (Župnijska Cerkev Sv Jurija). 1637 wurde sie für den Schutzpatron der Stadt errichtet, zwei Darstellungen zeigen den Heiligen im Kampf mit dem Drachen. Kunstfreunde bewundern sieben Marmoraltäre und Wandmalereien venezianischer Meister, Fotofans kommen auf dem Kirchplateau auf ihre Kosten: Von dort und mehr noch vom freistehenden **Glockenturm** (Zvonik), einer Kopie des venezianischen Turms von San Marco, hat man einen weiten Blick über die Bucht von Triest.

INFOS/ÖFFNUNGSZEITEN

Tartinjeva Hiša:
Juni–Aug. tgl. 9–12 u. 18–21,
sonst 11–12 u. 17–18 Uhr
Georgskathedrale 3
(Župnijska Cerkev Sv Jurija):
www.zupnija-piran.si
Museum Mi–Mo 10–16 Uhr
2 €
Glockenturm (Zvonik):
gleichfalls ab 10 Uhr, 1 €

KULINARISCHES FÜR ZWISCHENDRIN

Ein schöner Ort, um das Treiben auf dem Hauptplatz zu beobachten, ist die ehemalige Loggia, das **Café Tartini** 1 (Tartinijev trg 3, tgl. 7–24 Uhr). Am Südende der Uferpromenade lockt das **Café Teater** 2 mit einer großen Terrasse am Meer; doch auch drinnen ist's mit Ledersofa und dunklen Holzmöbeln gemütlich (Prešernovo nabrežje s/n, tgl. 7–24 Uhr).

Cityplan: S. 51

SCHLEMMEN, SHOPPEN, SCHLAFEN

In fremden Betten

Mit toller Terrasse
Piran ❶

Das Hotel hat eine perfekte Lage mit einem ›Mini-Badestrand‹ direkt vor der Tür. Das Frühstück auf der Terrasse ist ein Genuss: beste Qualität und dazu Blick aufs Meer. Für die Zimmer mit Seeblick wird ein Aufpreis verlangt, auch Wellness-Anwendungen sind buchbar. Der Shuttleservice zwischen Parkplatz und Hotel funktioniert reibungslos.

Stjenkova 1, T 05 690 70 00, www.hotel-piran.si, 90 Zimmer, DZ ab 120 €

Im Zentrum des Geschehens
Tartini ❷

Von einigen Zimmern schaut man direkt auf den Platz, andere haben Balkon und in den oberen Stockwerken auch Meerblick. Die tolle Lage gleicht Schwächen im Komfort aus.

Tartinijev trg 15, T 05 671 10 00, www.hotel-tartini-piran.com, 45 Zimmer, DZ ab 160 €

Einfach und günstig
Val ❸

Wenige Schritte von der Promenade vermieten Rajmond und Darinka

Humar an junge und jung gebliebene Leute einfache Zwei- und Mehrbettzimmer mit Waschbecken und Heizung. Die Waschräume sind sauber und nach Geschlecht getrennt, das Frühstück wird im gemütlichen Restaurant eingenommen.

Gregorčičeva 38, T 05 673 25 55, www.german.hostelworld.com, 22 Zimmer, DZ ab 60 €

B
BADEN

… Fehlanzeige? Tatsächlich ist Piran für einen Badeurlaub wenig geeignet. Doch immerhin verlocken die Betonflächen nahe dem Leuchtturm zum Sonnenbad, über Leitern kann man auch ins Meer abtauchen.

Romantisch
Max ❹

Mini-Hotel in einem Haus aus dem frühen 18. Jh. unweit der Georgskathedrale. Als störend mag der Klang der Glocken empfunden werden, der aber immerhin dafür sorgt, dass man den Tag nicht verschläft.

Korpusa 26, T 05 673 34 36, https://maxpiran.com, 6 Zimmer, DZ ab 70 €

An der Uferpromenade können Sie ein Sonnenbad nehmen oder über Treppen ins Wasser steigen.

Satt & glücklich

Fischlokal mit Ambiente
Pavel & Pavel ❸

Sein Lokal an der Promenade ist fast schon eine Institution. Seit Jahrzehnten sorgt Herr Pavel für frische Meeresküche, die schnell und souverän serviert wird.

Prešernovo nabrežje 4, www.pavelpiran.com, T 05 674 71 01, tgl. 11–23 Uhr, ab 12 €

Beliebter Italiener
Verdi ❹

In dem Altstadtlokal schmecken vor allem die Spaghetti mit Meeresfrüchten.

Verdijeva 18, T 05 673 27 37, www.verdi.si, Mi–So 11–23 Uhr, ab 10 €

 Stöbern & entdecken

Feine Salzprodukte
Benečanka ❶

Das in Sečovlje gewonnene Salz kann wenige Schritte abseits des Tartini-Platzes erworben werden. Als besonders kostbar gilt Solni svet (Fleur de Sel), das mildeste Meersalz. Aber Sie bekommen in diesem Laden auch Badesalz und Salzaccessoires, mit Salz angereicherte Seife, Olivenöl, Schokolade, Pralinen, Grappa, Likör.

Ul. IX. korpusa 2, T 05 673 31 10, www.soline.si/en, tgl. ab 9 Uhr

Von der Georgskathedrale läuft man ostwärts die Küste entlang zur 1 km entfernten Nachbarbucht Fiesa mit kleinem Badestrand, Tauchschule und dem Komforthotel Barbara (www.hotel-barbara.si, 42 Zimmer, ab 120 €).
Die beiden nahe am Meer gelegenen Süßwasserteiche sind der Lebensraum seltener Libellen.

 Sport & Aktivitäten

Tauchen
Sub-net ❶

Exkursionen zu den besten Spots, Tauchkurse für Anfänger und Fortgeschrittene.

Prešernovo nabrežje 24, T 05 673 22 18, www.sub-net.si/en

INFOS

TIC

Infos und Broschüren, Vermittlung von Privatzimmern. Kostenlose Shuttlebusse zwischen Tartinijev trg und Parkplatz am Ortsrand.

Tartinijev trg 2, T 05 673 44 40, ticpi@portoroz.si, tgl. 9–17 Uhr, Sept.–Juni So geschl.

TERMINE

Salinenfest: Ende April. Am 24. April, dem Tag des hl. Georg, beginnt die Saison der Salzgewinnung. Sie können an einer Prozession teilnehmen, mit dem Schiff in die Salinen fahren und dort an einer Tour teilnehmen. Auf dem Tartini-Platz findet der Salzmarkt statt, es gibt Ausstellungen zum ›weißen Gold‹, Tanz und Folklore. Und wenn am 24. August, dem Tag des hl. Bartolomäus, die Salzernte zu Ende ist, darf noch einmal gefeiert werden.
Piraner Musikabende: Juli. Vierwöchiges Festival der Kammermusik im Kreuzgang des Minoritenklosters.
MIFF: 1. Julihälfte. Beim Internationalen Mediterranen Folklorefestival auf dem Tartini-Platz lernen Sie bei Tanz und Musik die Kulturen verschiedener Mittelmeerländer kennen. Konzerte finden auch in Portorož, Izola und Koper statt.
Piran Sommerfestival: Ende Juli/Anfang August. Zweiwöchiges Musikfestival mit Klassikkonzerten, Opern- und Ballettaufführungen, die meist um 21 Uhr auf dem Tartini-Platz stattfinden. Infos: www.piranfestival.si
Tartini-Festival: Aug./Sept. Liebhaber klassischer Musik sind begeistert: Mehrere Wochen lang spielen Musiker in

und um Piran auf, besonders schön sind die Auftritte in Klöstern. Infos: www.tartinifestival.org

Portorož 🏛 B 7

›Rosenhafen‹ – ein schöner Name für Sloweniens größten Ferienort! Im Sommer präsentiert sich Portorož als Ferienzentrum der weniger besonderen Art mit Trubel rund um die Uhr, Riesenrutschen am Strand, Popmusik, Eisständen und Fast Food.

Hinein in den Strandtrubel

In der Badesaison tummeln sich Tausende von Sonnenhungrigen in der flachen Bucht mit dem künstlichen Sandstrand. Man spielt Beachvolleyball, kann Boote mieten, surfen und sich im Wasserski üben. Die Wasserqualität hat sich in den vergangenen Jahren gebessert, die Badesaison dauert von Ende Mai bis Anfang Oktober. Wer lieber ins Heilwasser steigt, nutzt gegen Gebühr die Thermen des Grand Hotel Portorož.

Ü
ÜBRIGENS

Rossa, ›roter‹, stark mineralhaltiger Karstboden, verleiht den Trauben viel Geschmack. Der **Wein**, der aus ihnen gewonnen wird, leuchtet rubinfarben und schmeckt samtig – ein wunderbarer Begleiter zum Pršut-Schinken aus der Region.

Die schönen Seiten erkunden

Der Name ›Rosenhafen‹ stammt aus habsburgischer Zeit, als sich der Adel im milden mediterranen Klima von allerlei Wehwehchen kurierte. Von der einstigen Noblesse spürt man bestenfalls etwas in den großartigen Hotels an der Promenade, die trotz hoher Preise schnell ausgebucht sind. Einen alten Stadtkern gibt es in Portorož nicht. Um den Ort von seiner schönen Seite zu erleben, entfernen Sie sich von der Hauptstraße und spazieren Sie den Hügel hinauf, der die Bucht umgibt. In üppig bepflanzten Gärten sieht man alte Villen und Palazzi, daneben Zypressen, Steineichen und Olivenbäume. Besonders reizvoll ist der Nachbarort Piran (▶ S. 50) – von der Ferienanlage Bernardin erreicht man ihn zu Fuß in nur 15 Minuten!

🏨 Am Meduza-Strand
Grand Hotel Portorož
Komforthotel mit 194 Zimmern an der Promenade. Der hoteleigene Meduza-Strand gilt als einer der schönsten der Adria. Neben dem Hallenbad gibt es ein Thalasso- und Massagezentrum.
Obala 43, T 05 696 10 20, www.lifeclass.net, DZ ab 200 €

🏨 Mit Glockenturm
Gran Hotel Bernardin
Das Fünfsternehaus mit 241 Zimmern liegt auf halber Strecke nach Piran und ist das Schmuckstück der Ferienanlage Bernardin, die rings um einen 1492 erbauten Glockenturm errichtet wurde. Zur ›Hotelstadt‹ gehören das renovierte Histrion und die Bungalows Vile Park, Meerwasserpark und Tauchschule, Casino und Discos.
Obala 2, T 05 695 00 00, www.hoteli-bernardin.si, DZ ab 190 €

🏨 Luxus pur
Kempinski Palace Portorož
Beeindruckendes Palasthotel von 1911 an der Promenade – geschickt wurden hier die Architekturstile vereint, der Glanz des Fin de Siècle spiegelt sich im modernen Anbau. Von den 181 Zimmern blickt man aufs Meer oder die Parkanlagen. Man hat die Wahl zwischen mehreren Spezialitätenrestaurants, es gibt eine Einkaufszeile mit Designer-Boutiquen, ein Spa und Pools.
Obala 45, T 05 692 70 00, www.kempinski-portoroz.com, DZ ab 210 €

🏨 Schmucke Villa
Marco
Eine schicke Gründerzeitvilla an der

Uferpromenade mit insgesamt 48 Zimmern, Terrassenlokal und schattigem Garten.

Obala 28, T 05 617 40 00, www.hotel-marko. com, DZ ab 98 €

Traditionsreich
Staro Sidro

Von der Hauptstraße führt eine Treppe zu einem Palazzo hinauf, gleich daneben befindet sich der traditionsreiche ›Goldene Anker‹. Mit Salat-Büfett und frischem Fisch. Zur Rechnung gibt es einen hausgemachten Likör.

Obala 55, T 05 674 50 74, tgl. 11–23 Uhr, ab 10 €

Tanztrieb
Paprika Lounge

Abends verwandelt sich das Café in einen Szene-Club: Disco, Latino, Rhythm & Blues – für stete Abwechslung ist gesorgt.

Obala 20-A, T 05 651 41 02, 10–4 Uhr

Kultur
Avditorij

500 m oberhalb der zentralen Busstation. In den Sälen des Auditoriums finden Konzerte, Theateraufführungen und Ausstellungen statt.

Sečna pot 10, www.avditorij.si

Schiffstouren

Reiseagenturen (s. Infos) vermitteln Panoramatouren längs der Küste, Fahrten nach Venedig und Triest, Unterwassertrips (Subaquatic Vision) sowie Angel- und Salinentrips.

Wellness

Seit in 700 m Tiefe schwefel- und natriumchloridreiches Wasser entdeckt wurde, bieten viele Hotels Wellness-Programme von Thai bis Acqua Madre.

Infos und Termine
TIC: Obala 16, 6320 Portorož, T 05 674

Mineralwasser aus 700 m Tiefe speist viele Spa-Pools – von AquaMadre bis Wai Thai.

6

Schönheit der Symmetrie – **die Salz-gärten von Sečovlje**

Salz, das ›weiße Gold‹ des Mittelalters, wird in riesigen Becken geerntet, die die Bucht von Piran im Schachbrettmuster durchziehen und bis zur kroatischen Grenze reichen. Doch nicht nur optisch sind die Salinen spektakulär. Für den Gaumen bieten sie Fleur de Sel, das beste aller Salze.

Im Museumsshop bekommt man gastronomische Souvenirs der Marke Piranske Soline, z. B. die in dekorativem Gefäß abgepackte ›Salzblume‹ (Fleur de Sel) und das ›graue Meersalz‹ (Sel gris) – die mineralreiche Schicht unter der Salzblume, in die Schwebestoffe einer Algenart eingebunden sind. Doch auch Süßes ist zu haben: Herber Kakao und Salzkristalle verschmelzen zu einer exquisiten Schokolade von bittersüßem Geschmack (Lera, Seča 115, T 05 672 13 41, www. soline.si, Mo–Fr 9–17, Sa/So 9–18 Uhr).

Die oberste Salzschicht heißt nicht umsonst Fleur de Sel (Salzblume) – sie ist besonders reich an Mineralien.

Die Salinen liegen 8 km südöstlich von Portorož und sind ein fantastischer Blickfang. So weit das Auge reicht: rechteckige, von Kanälen getrennte Becken, die wie ein riesiges, über die Bucht gespanntes Schachbrett wirken. In der Sonne glitzern sie weiß bis rosa, überall riecht es nach Salz und Tang. Die Salzgärten sind auch ein wichtiger Rastplatz für Zugvögel, man sieht Alpenstrandläufer, Steinwalzer und Sandregenpfeifer durchs seichte Wasser waten. Über 200 Vogelarten wurden registriert, 26 von ihnen nisten in dem 750 ha großen UNESCO-Feuchtgebiet.

Besucherzentrum und Salinenmuseum

Die beiden durch den Drnica-Kanal voneinander getrennten Bereiche des Salzparks verfügen über getrennte Zugänge: Lera nahe Seča im Norden und Fontanigge an der slowenisch-kroatischen

Grenze im Süden. Nach Lösen der Eintrittskarte kann man sich zu Fuß oder mit dem Fahrrad frei bewegen. Wählt man den Nordeingang Lera, läuft man gut 20 Minuten zum **Besucherzentrum KPSS** , das mit Filmmaterial und einem maßstabsgetreuen Multimedia-Modell der Salinen aufwartet. Von einer Aussichtsplattform kann man die Salzgärten überblicken, 20 Tonnen Salz werden noch jedes Jahr produziert.

Wählt man den südlichen Zugang (Fontanigge), erreicht man in 30 Minuten längs der Dragonja, vorbei an aufgelassenen Salzfeldern, das **Salinenmuseum** 2 (Muzej Solinarstva). Für seinen Besuch muss man sich vorerst im KPSS melden. Im Museum werden die Herstellung von Salz und der Alltag der Salzarbeiter vorgestellt, zu sehen sind archaische Geräte, Gewichte und Siegel, traditionelle Trachten und Schutzanzüge.

INFOS/ÖFFNUNGSZEITEN

Sečovejlske Soline 1: Seča 115, T 05 672 13 30, www.kpss.si, Juni–Sept. tgl. 8–21, sonst bis 17 Uhr, Eintritt 7 €; für Gruppen ab 15 Personen geführte Touren nach Voranmeldung 90 Min. zum Preis von 8,50 € p. P. Sie benötigen festes Schuhwerk, Sonnenschutz und ausreichend Trinkwasser; im slowenisch-kroatischen Grenzgebiet bitte den Pass bereithalten!

Anfahrt: mit dem Fahrrad auf dem Küstenweg ab Lucija, mit dem Auto über die Straße 111 (Abzweig im Ort Seča nach rechts), mit dem Bus Arriva von Piran via Portorož nach Seča (nur im Sommer) oder mit dem Schiff Solinarka ab Portorož (aktuelle Abfahrtszeiten bei der Touristeninfo erfragen).

KULINARISCHES FÜR ZWISCHENDRIN

Fahren Sie landeinwärts in die unter Denkmalschutz stehende Ortschaft Nova Vas, entdecken Sie die Gaststätte **Na Burji** 1: Moreno ist verliebt ins Kochen und zaubert Gerichte, die seine Frau Oriella charmant serviert. Alles ist frisch, Fleisch kommt vom Nachbarn, Kräuter und andere Zutaten aus dem eigenen Garten. Ein Tipp für kühle Tage: Bestellen Sie die Jota-Suppe mit Kartoffeln, Mohrrüben und Bohnen – dazu ein Glas Rotwein, und die Wärme kehrt in den Körper zurück (Nova Vas Nad Dragonjo 57, Reservierung T 41 284 030, www.naburji.si, Di–So 16–23 Uhr, ab 15 €).

Faltplan: B 7 | Lage: 8 km südöstlich von Portorož

W
WEIN

Bei Plave verlässt man die Straße Nova Gorica–Tolmin und fährt zum Vrholje-Pass hinauf. Von dort bietet sich eine großartige Aussicht auf das Weinanbaugebiet **Goriška Brda**. Mittelpunkt der Weinregion ist **Dobrovo** (🗺 A 5) mit einem venezianischen Renaissance-Schloss. Die Kunstgalerie zeigt Werke des 1909 in Gorizia geborenen Malers Zoran Mušič. Gourmets steigen in den Schlosskeller hinab, wo sich das Restaurant mit einer ausgezeichnet bestückten Vinothek befindet (Vinoteka Brda/Grad Dobrovo, Grajska cesta 10, T 05 395 92 10, www.vinotekabrda.si, Mo geschl., Käse und Salami ab 6 €).

22 20, www.portoroz.si, tgl. ab 9 Uhr, Tipps für Ausflüge ins Hinterland, Hinweise zu Veranstaltungen. Privatzimmer und Schiffsreisen werden über die Reisebüros an der Promenade vermittelt:
Top Line: Obala 114, www.benetke.com
Atlas Express: Obala 55, www.atlasexpress.eu
Istrischer Markt: 1. Juni–30. Sept. Olivenöl, Wein aus Istrien, Olivenöl, Kräuter und Gewürze, Honig und Marmeladen: Vier Monate lang werden jeden Fr/Sa/So auf dem Platz zwischen dem Cafè Cacao und dem Gasthaus Oštarija hausgemachte lokale Produkte angeboten.
Portoroser Nächte: Aug., mehrtägiges Fest am Strand mit Pop- und Rockgruppen und einem imposanten Mitternachts-Feuerwerk.

IN DER UMGEBUNG

Weltkulturerbe
Hrastovlje 🗺 B 7
Das malerische istrische Dorf ist eine Trutzburg aus Stein. Die auf

einem Hügel errichtete Wehrkirche ist UNESCO-Weltkulturerbe und birgt fantastische Fresken, 1490 von Meister Johannes von Kastav (Ivan iz Kastva) gemalt. Besonders eindrucksvoll ist der »Totentanz« im rechten Seitenschiff. Mi–Mo 9–12 u. 13–17 Uhr, 2 €; ist die Kirche nicht geöffnet, bekommt man den Schlüssel bei Rihter Rozana, T 031 43 22 31

Nova Gorica 🗺 B 5

Vergangenheit und Gegenwart prallen hart aufeinander – die Hochhäuser sind angegraut und die Rosenbeete geschrumpft, mit den ›roten‹ Denkmälern wurden gleich auch einige Parkabschnitte wegsaniert. Aber auch hier boomt der Tourismus – dank der Casinos.

Geteilte Stadt
Die auf halber Strecke zwischen Alpen und Adria gelegene Stadt wurde 1947 gegründet, als auf der Pariser Friedenskonferenz das ältere Gorizia (Gorz) an Italien fiel und auf jugoslawischer Seite ein ›neues Gorizia‹ errichtet wurde. Seit 2000 hat sich der grenzüberschreitende Verkehr zu Italien stark entwickelt. Dies verdankt sich vor allem den beiden Hotelcasinos im Las-Vegas-Stil, die zahllose italienische Besucher anlocken: Glanz und Glamour in einer Scheinwelt des Vergnügens (Casino Perla und Casino Park, tgl. ab 17 Uhr).

❶ Infos
TIC
Delpinova ul. 18-B, 5000 Nova Gorica, T 05 330 46 00, www.novagorica-turizem.com, Sa/So geschl.

IN DER UMGEBUNG

Renaissance-Kastell
Kromberk 🗺 B 5
Auf einer Anhöhe östlich von Nova Gorica, erreichbar über einen Linksabzweig an der Straße nach Ajdovščina,

erhebt sich die quadratische, mit vier Ecktürmen bewehrte Burg Kromberk. Ab dem 17. Jh. war sie die Sommerresidenz der Coroninis, einer Grafenfamilie aus Gorizia. Sie wurde in beiden Weltkriegen teilweise zerstört, doch immer wieder aufgebaut. Heute beherbergt sie ein Museum mit antiken Funden aus der Region, ethnografischen und kunsthistorischen Sammlungen.

Haben Sie anschließend Lust auf einen Spaziergang? Zur Burg gehört ein schöner Garten mit Falkenturm und einem Bach mit künstlichem Wasserfall.

Goriški muzej, Grajska cesta 1, www.goriskimu zej.si, Mo–Fr 9–17, im Sommer 10–18 Uhr, Eintritt 4 €

Franziskaner-Kloster
Kostanjevica 🗺 B 5
Südlich der Stadt steht auf einer Anhöhe das barocke, im 17. Jh. erbaute Franziskanerkloster, ein Kultort für französische Monarchisten. In einer Grabkammer unter der Kirche ist Karl X., der letzte Bourbone, samt Familie und Gefolge beigesetzt. Karl floh nach der Julirevolution 1830 aus Frankreich und fand Zuflucht im Palazzo Strassoldo in Gorizia, wo er sechs Jahre später an Cholera starb.

Škrabčeva ul. 1, T 05 330 77 50, www.samos tan-kostanjevica.si, Gottesdienst Mo–Sa 7 und 19, So 7, 8, 10 und 18 Uhr; Besichtigung Gruft und Bibl. Mo–Sa 9–12 u. 15–17, So nur Gruft 15–17 Uhr, 3 €

Vipava-Tal 🗺 B 5–C 6

›Sloweniens Obst- und Weingarten‹ wird die Vipavska dolina genannt, die das Landesinnere mit der Küste verbindet. Auf fruchtbarem Schwemmland wachsen Pfirsiche und Aprikosen, aber auch rote Trauben, die den Weltruhm des Vipava Merlot begründen.

Im Hinterland der Küste
Nordwärts wird das Tal von den Bergketten Nanos und Tarnovski gozd begrenzt, nach Süden zu erstreckt sich

sanftes Hügelland. Im Winter fürchten sich die Menschen vor der durch die Karstregion peitschenden Bora. Trotz markierter Weinstraßen und mediterran anmutender Dörfer blieb das Tal vom Tourismus lange unberührt. Erst seit dem Bau der Autobahn ist die Idylle getrübt, schöner ist es, die alte Landstraße zu benutzen.

Kommt man von Nova Gorica, lohnt ein erster Halt in **Dornberk.** Der im 13. Jh. von bayerischen Adligen gegründete Weinort liegt in einer Flussschleife der Vipava, wo der klassische Karst mit Gebirgszügen aus verwittertem Kalk und fruchtbaren Dolinen beginnt. Mittelalterliche Gassen führen zum Flussufer hinab, in der Dorfkirche sind Fresken zu bewundern. Mehrere Dörfer sind auf Hügeln platziert, so auch das westlich von Ajdovščina gelegene **Vipavski Križ.** Burgruinen und Pfarrkirche, Kapuzinerkloster und Bürgerhäuser vereinen sich zu einem gelungenen architektonischen Ensemble.

KÄSE

Nanoški sir: Köstlich und mit EU-Herkunftsgarantie – der vollmundige, aus Kuhmilch gewonnene Nanos-Käse!

Gleiches gilt für **Vipava,** das wegen seiner zahlreichen Brücken ›slowenisches Venedig‹ genannt wird. Gassen mit blumengeschmückten Steinhäusern laden zum Spaziergang ein. Im Barockschloss der Lanthieri hat 1726/27 der venezianische Dichter Carlo Goldoni gelebt, seiner Familie gehörte das 2 km nördlich gelegene Jagdschloss Zemono. Von der Anhöhe hat man einen herrlichen Blick ins Tal.

🍴 Schlossküche
Pri Lojzetu
»Saisonbedingte Zutaten und Gerichte, ausgezeichnete und frische Zutaten«: Slow food wird auch im Kellerres-

taurant des Schlosses von Zemono geschätzt.

Dvorec Zemono, T 05 368 70 07, www. prilojzetu.com, Mi/Do 17–22, Fr–So 12–22 Uhr, ab 15 €

❶ Infos
TIC
Ans Info-Büro ist eine Vinoteka angeschlossen – es darf Wein gekostet werden!

Glavni trg 1, 5271 Vipava, T 05 368 70 41, www. izvirna-vipavska.si, Mo–Fr 9–16, Sa 9–13 Uhr

Štanjel ◫ B 6

Knapp 10 km westlich von Vipava liegt ein museales Vorzeigedorf: Wie eine Trutzburg thront Štanjel auf einer Kuppe über dem gewellten Hochplateau. Die stufenförmig angelegten Häuser, die Türme und Tore – alles fügt sich zu einem eindrucksvollen Ensemble aus Naturstein.

Ein Dorf aus Stein
Reiche Triester Bürger hatten den mittelalterlichen Ort im frühen 20. Jh. als Sommerfrische entdeckt und sich von dem renommierten Architekten Max Fabiani schöne Villen errichten lassen. Mit Hilfe der EU wurden inzwischen einige der im Zweiten Weltkrieg beschädigten Häuser restauriert.
Zu den wichtigsten Bauten zählt das mittelalterliche Schloss am Eingang zur Altstadt. Es beherbergt heute die **Galerie Lojze Spacal**, eine Kunstsammlung des bedeutenden slowenischen Malers und Grafikers (Galerija Lojzeta Spacala, www. stanjel.eu, April–Okt. Di–Fr 11–17, Sa/So 10–18 Uhr, sonst kürzer, 2 €).
Wahrzeichen Štanjels ist der minarettartige Glockenturm der gotischen, später im Barockstil umgebauten **Danielskirche** (Cerkev Sv. Danijela). Der Familie des Grafen Cobenzl diente sie als Gruft, auf dem Hauptaltar sieht man Reliefdarstellungen des Schlosses. Sehenswert ist auch das aus Naturstein errichtete **Karsthaus** (Kraška hiša) sowie der

Ferrari-Garten (Ferrarijev vrt), ein Lustgarten mit Teichen und einer Brücke im venezianischen Stil, 1923 von Max Fabiani für einen Arzt aus Triest entworfen. Vom Panoramaweg bietet sich ein herrlicher Blick aufs Tal der Branica.

❶ Infos
TIC
Privatzimmer in Štanjel und Umgebung werden vermittelt.

Štanjel 1-A, T 05 769 00 56, www.stanjel.eu, Juli/Aug. tgl. 10–19 Uhr, sonst kürzer

IN DER UMGEBUNG

Imposantes Panorama
Socerb ◫ B 7
Die Burgruine nahe der italienischen Grenze beherbergt ein Nobelrestaurant und bietet den besten Ausblick auf die Bucht von Triest.

Idrija ◫ C 5

Herrschaftliche Bürgerhäuser rund um den zentralen Platz Mestni trg zeugen vom Wohlstand der einstigen Bergwerksstadt. Auch die Spitzenklöppelei machte Idrija über die Grenzen des Landes berühmt. Hotelliebhaber besuchen Kendov Dvorec, eine der schönsten Unterkünfte Sloweniens.

Lohnt einen Abstecher
Bis in die jüngste Vergangenheit gehörte Idrija zu den größten Quecksilberprodu-

---

PROBIEREN!

Lust auf **Idrijski Žlikrofi?** Die mit Kartoffeln, Speck und Zwiebeln gefüllten Teigtaschen sind eine lokale Spezialität – in fast allen Lokalen kann man sie bestellen, besonders gut schmecken sie im Kendov Dvorec!

---

zenten der Welt. 1490 war es entdeckt worden, erst 2008, mit dem Fall des Weltmarktpreises, wurde das Bergwerk geschlossen. Die 1533 erbaute Burg Gewerkenegg, einst ›Residenz‹ der Bergwerksdirektion, beherbergt heute ein **Stadtmuseum** (Mestni muzej Idrija, Grad Gewerkenegg, Prelovčeva 9, T 05 372 66 00, www.muzej-idrija-cerkno.si, Di–Fr 9–14 Uhr, 5 €). Darin kann man Interessantes zur Geschichte der letzten 500 Jahre und zu der hier entwickelten Kunst des Klöppelns erfahren.

Spannende Unterwelt
Antonijev rov
Seit 2012 ist er UNESCO-Weltkulturerbe: Der Antonius-Schacht südlich der Burg wurde ab 1500 in den Fels getrieben und kann im Rahmen einer Führung besichtigt werden. Auf eine Multimediashow folgt der Abstieg in das Tunnelsystem der Unterwelt, wobei Sie auch an einem ungewöhnlichen Gotteshaus, der unterirdischen Kapelle der hl. Dreifaltigkeit, vorbeikommen!
Kosovelova 3, www.antonijevrov.si, Juni–Sept. stdl. 10–15, Sa/So auch 16 Uhr, sonst kürzer, 10 €

Nobles Herrenhaus
Kendov Dvorec
Eine 1377 erbaute Burg 4 km nördlich von Idrija wurde in ein prachtvolles Hotel verwandelt: ringsum Gärten und anmutige Hügel, man blickt auf die alte Pfarrkirche aus dem 12. Jh. Hier können Sie wunderbar entspannen! Alle elf Zimmer sind mit Antiquitäten im Stil des späten 19. Jh. eingerichtet, die Vorhänge und Decken mit Klöppelspitzen verziert. Dazu passend ein Slow-Food-Restaurant mit exklusiver Kost aus natürlichen Zutaten. Serviert wird auf Geschirr des slowenischen Stardesigners Oskar Kogoj.
Na griču 2, Spodnja Idrija, T 05 3 72 51 00, www.kendov-dvorec.com, DZ ab 150 €

❶ Infos und Termine
TIC
Mestni trg 2, 5280 Idrija, T 05 374 39 16, www.visit-idrija.si

Tage der Klöppelspitzen: Mitte Juni. Kunsthandwerkerinnen präsentieren ihr

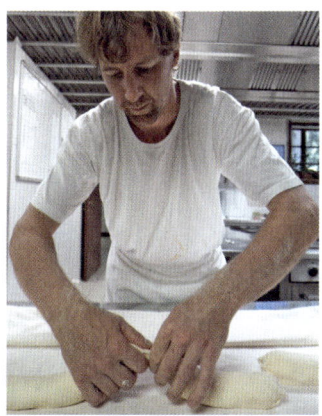

Meterlange Teigrollen werden gefüllt und zu Idrijski Žlikrofi (Maultaschen aus Idrija) geschnitten – ein Meister seines Faches ist Claudi Kofti in der Schlossküche von Kendov Dvorec.

Können – ein dreitägiges Fest mit Workshops, Konzerten und Ausstellungen.

IN DER UMGEBUNG

Masken und Symbole
Cerkno 🗺 C 4
Die schönsten Masken des Fastnachtsfestes werden im städtischen Museum ausgestellt (Mestni muzej Cerkno, Bevkova 12, www.muzej-idrija-cerkno.si, Mo–Fr 9–15, Sa, So 10–13 und 14–18 Uhr, 3,50 €): 24 maskenverhüllte Perchtengestalten *(lauferji)* jagen am Faschingsdienstag den Pust, ein gehörntes, mit Stroh und Moos verkleidetes Wesen, das stellvertretend für den bösen Winter steht und endlich vertrieben werden soll.
5 km nordöstlich, in einer schwer zugänglichen Schlucht bei Dolenji Novaki an der Straße 912, befindet sich das Partisanen-Krankenhaus Franja (1943–45), ein Symbol des antifaschistischen Widerstands. Man erreicht es auf Holzstegen und einem Fußweg am Bach entlang (Partizanska bolnica Franja, Apr.–Sept. tgl. 9–18, Okt. tgl. 9–16 Uhr, 5 €).

7

Mekka der Pferde-freunde – **das Gestüt der Lipizzaner**

Seit 1580 werden in der Landschaft um Lipica schneeweiße Rassepferde gezüchtet: einst für die Wiener Hofreitschule, heute für betuchte Liebhaber. Beim Besuch des renommierten Gestüts lernt man die Tanz- und Springkunst der Pferde kennen; wer will, kann sich auch kutschieren lassen.

In EU-Gremien und vor der Welthandelsorganisation WTO streitet man darum, wer Anspruch auf den Markennamen erheben darf: Slowenien oder Österreich? Haben die Merkmale der **Lipizzaner** etwas mit der geografischen Herkunft zu tun? Oder anders gefragt: Haben Tiere eine Nationalität?

Eine National-Ikone

Alleen mit knorrigen, jahrhundertealten Linden führen zu dem wild-romantischen Flecken über der Bucht von Triest, wo man Sloweniens Paradepferde auf der Koppel sieht – ein paradiesisches Bild! Der Nationaldichter Eduard Kocbek hat ein Loblied auf sie gesungen: »Andere ehrten heilige Kühe und Drachen, tausendjährige Schildkröten und geflügelte Löwen, … wir aber haben uns das schönste Tier ausgesucht: Es bewährte sich im Feld und im Zirkus, trug Königinnen und die goldene Monstranz.«

Die Lipizzaner gingen aus andalusischen Hengsten und einheimischen Karststuten anno 1580 hervor: eine kühne Kreuzung, duldsam und robust, zugleich intelligent und elegant. Ihren Namen verdanken sie dem Ort, an dem sie das Licht der Welt erblickten – Lipica (›kleine Linde‹).

Marke ›Lipizzaner‹

Bis 1918 waren sie die Vorzeigepferde der k.u.k. Monarchie, begründeten den guten Ruf der

Seltsame Mutation – die Lipizzaner kommen dunkel zur Welt und werden erst im Laufe ihres Lebens schneeweiß.

Wiener Hofreitschule und der Schule von Jerez. Doch seit dem Untergang der Habsburger Monarchie versorgt nicht mehr Lipica, sondern das steirische Piber die österreichische Metropole mit Pferden. Italien setzte zwar 1919 die Zucht fort, doch 1943, als deutsche Truppen das Land besetzten, wurden alle Pferde ins Gebiet des heutigen Tschechien überführt. Nur elf kamen zurück, immerhin genug, um – nun unter jugoslawischer Flagge – die planmäßige Zucht und Dressur wiederaufzunehmen. Heute zählt das Gestüt über 200 reinrassige Lipizzaner und ist ein Mekka der Pferdefreunde.

Es heißt, wer einem Lipizzaner intensiv ins Auge blickt, wird von ihm für immer verzaubert …

Hohe Schule

Die Lipizzaner kommen dunkel zur Welt, doch wird ihr Fell im Laufe der Zeit schneeweiß. Nach jahrelanger Dressur können sie Pirouetten drehen, elegant tänzeln und sich im Walzertakt wiegen. Schwerelos erscheinen sie bei verwegenen Kapriolen, wenn sie mit allen vier Läufen in die Luft springen. Bei einer Vorführung der klassischen **Reitschule** lernt man ihre Kunststücke kennen. Näher kommt man ihnen freilich bei einer **Gestütsbesichtigung:** Die Lipizzaner stehen in picobello sauberen Boxen, sind gebürstet und gestriegelt und schauen Besucher mit ihren ausdrucksstarken Augen neugierig an. Vergleichsweise trocken präsentiert sich dagegen das im Eintrittspreis inbegriffene **Museum Lipikum** – im Mittelpunkt steht die Entwicklung des Gestüts und der Lipizzaner.

INFOS/ÖFFNUNGSZEITEN
TIC: Kobilarna Lipica, Lipica 5, T 05 739 15 80, www.lipica.org
Parkbesuch inkl. Kutschenmuseum und Gestütsbesichtigung: April–Okt. stündlich 10–17 Uhr, Nov.–März 10, 11, 13, 14 u. 15 Uhr, 16 €, für Kinder, Schüler und Studenten Rabatt
Vorführungen der klassischen Reitschule inkl. Gestütsbesichtigung: Mai–Sept. Di, Fr u. So 15, April u. Okt. nur So 15 Uhr, 23 €, für Kinder, Schüler und Studenten Rabatt

IN FREMDEN BETTEN
Das **Hotel Maestoso** bietet Viersternekomfort; Hallenbad und Spa sowie Gestütsbesichtigung sind im Preis enthalten (T 05 739 15 80, www.lipica. org, 59 Zimmer, DZ ab 95 €).

KULINARISCHES FÜR ZWISCHENDRIN
Im Hotelrestaurant kann man Karstspezialitäten probieren, z. B. Pršut-Schinken mit eingelegten Oliven und Filet in Teranwein (ab 13 €).

Faltplan: B 6 | **Lage:** 22 km südlich von Štanjel

Postojna C 6

Die Stadt Postojna ist kein touristisches Highlight, doch um sie herum und vor allem unter ihr spielt sich Spannendes ab. Flüsse bahnen sich mit Nebenarmen ihren Weg durch den Karst, verabschieden sich plötzlich vom Tag und tauchen in die unterirdische Düsternis ab.

Im Schattenreich der Höhlen

Hauchdünn gefaltetes Gestein und gerippte Wände, aus dem Boden wachsende Zypressen und von der Decke herabhängende, sich zu fantastischen Säulen verbindende Spaghettifäden: Das alles und noch vieles mehr erwartet Sie in der **Postojnska Jama** (Adelsberger Grotte), die im Rahmen einer geführten Tour erforscht werden kann. Zunächst rumpelt man 3,5 km mit einem elektrischen Mini-Zug vorbei an kleinen Seen zur Grotte des Großen Berges hinab, wo man von einem Führer in Empfang genommen wird. Auf dem 1,7 km langen Rundgang lernen Sie Höhlen voller Stalaktiten und Stalagmiten kennen, z. B. den ›Spaghettisaal‹, den ›Wintersaal‹, die ›Diamantengrotte‹ oder auch die ›Konzerthalle‹, in der 10 000 Menschen Platz finden, große Orchester aber nur selten spielen. In einem Wasserbassin schwimmt der Grottenolm (Proteus anguinus), ein augenloser Schwanzlurch, der über 100 Jahre alt werden kann und nur in den Höhlen des slowenischen Karsts vorkommt. Mehr über ihn und 200 weitere Tiere aus dem Reich der Finsternis kann man in der Forschungsstation **Proteus Vivarium** neben dem Höhleneingang erfahren: Nach einer multimedialen Einführung in die Welt der Karsthöhlen spaziert man durch eine kleine Grotte und sieht die Tiere in ›freier Wildbahn‹.

Der Eingang zur Höhle befindet sich 1 km nordwestlich von Postojna, die auf Deutsch geführte Besichtigung dauert 1.30 Std., es empfiehlt sich die Mitnahme warmer Kleidung (Temperatur 8 °C).

Jamska cesta 30, T 05 700 01 00, www. postojnska-jama.eu, Mai–Sept. tgl. 9–17 Uhr zu jeder vollen Stunde (Juli–Aug. zusätzlich 18 Uhr), Eintritt 27,90 € (etwas günstiger beim Kauf von Kombitickets); Vivarium Proteus tgl. 9.30–17.30 Uhr (Mai–Sept.), in der restlichen Zeit 10.30–15.30 Uhr, Eintritt 10,90 €

ERASMUS

1483 erhielt der Statthalter von Triest den Auftrag, dem Treiben des Raubritters Erasmus ein Ende zu bereiten. Kaiserliche Truppen belagerten über ein Jahr lang die Burg, doch Erasmus gelang es, sich über geheime Stollen mit Lebensmitteln zu versorgen. Und er verhöhnte die Soldaten, indem er ihnen an Festtagen gebratenes Fleisch von der Mauer zuwarf. Zum Verhängnis wurde ihm ein bestechlicher Diener, der dem Gegner verriet, an welchem Ort sein Herr das tägliche Geschäft verrichtete – und dort geschah es auch, dass Erasmus getötet wurde. Unter einer Linde bei der gotischen Dorfkirche liegt er begraben. Zu Ehren des slowenischen Robin Hood lädt Predjama alljährlich im August zum Kampf der Ritter mit Lanze und Schwert ein.

Entspannen und Abschalten

Chris kommt aus Wales, Hanna aus Finnland. Gemeinsam betreiben sie eine Pension im kleinen Ort Landol nahe der Höhlenburg Predjama. Sie versorgen ihre Gäste mit Tipps, vermieten Mountainbikes und vermitteln Kontakte zu Höhlenführern. Im Kino-Raum kann man sich Filme aus Chris' riesiger Privatsammlung anschauen. Die Besitzer kochen auch gut, Gäste können das Abendessen mit lokalen Gerichten täglich dazubuchen. Die Anfahrt ist auf der Website genau beschrieben.

Lipizzaner Lodge Guest House, Landol 17, T 05 620 34 43, www.lipizzanerlodge.com, DZ ab 80 €

Auf ins nächste Gefecht! Auf Hochglanz polierte Ritterrüstungen in der Räuberburg Predjamski Grad

IN DER UMGEBUNG

Raubritterburg
Predjamski Grad 🗺 C 6

10 km nordwestlich von Postojna duckt sich die Höhlenburg Predjama unter einem gigantischen Felsüberhang. Vielen Belagerungen hielt sie stand, da sie über kilometerlange Gänge mit geheimen Ausgängen verbunden ist. Ruhm erlangte sie im 15. Jh. durch Raubritter Erasmus, der von hier aus die Karawanen der Kaufleute überfiel und einen nicht geringen Teil der Beute an Arme verteilte. Heute ist in den Burggemächern ein Museum eingerichtet, das Waffen und Jagdtrophäen, Gemälde und Skulpturen zeigt. Spannender ist die vielgeschossige Höhlenwelt unterhalb der Burg: Mit Taschenlampe und Gummistiefeln ausgestattet, erkundet man eine Stunde lang 1 km des verzweigten Höhlensystems.

Museum: April–Okt. 10–18 Uhr, Nov.–März 10–16 Uhr; Höhle: Mai–Sept. 11, 13, 15, 17 Uhr; Eintritt Burg 14,90 €

Naturphänomen
Cerknica

Während man in und um Postojna die Unterwelt des Karsts erlebt, kann man bei Cerknica, 20 km südöstlich von Postojna, seine faszinierende Oberfläche studieren. Am Fuß 1000 m hoher Berge breitet sich im Frühjahr ein 24 km² großer See aus. In seiner Mitte schwimmt eine Insel mit Häusern und Kapelle. Wer freilich im Sommer die Region bereist, traut seinen Augen nicht: die Insel gibt es nicht mehr und der See ist wie vom Erdboden verschluckt. Das Phänomen ist leicht erklärt: Der Fluss Cerkniščica findet in dem langen Tal keinen oberirdischen Abfluss und staut sich zu einem See, der langsam im porösen Karstgestein ›untergeht‹. Im Sommer, wenn der Fluss kaum Wasser führt, versickert das Wasser – statt eines Sees sieht man nun saftige Wiesen. Im Herbst erneuert sich der Kreislauf: Nach Regen staut sich das Wasser in den Poren des Karstgesteins, und der neu entstandene See verwandelt sich in ein Paradies für Wasservögel.

ÜBRIGENS

Der Bildhauer Henry Moore schwärmte von der **Adelsberger Grotte** und pries sie als »wunderbarste Galerie der Natur«.

Unterirdisch –
die spektakulären
Höhlen von Škocjan

Was sich in der Unterwelt des Karsts verbirgt, gehört zum Aufregendsten, das die Natur zu bieten hat: von wildem Wasser durchrauschte Canyons und Tropfsteine in kühnsten Formen. Die UNESCO hat die Škocjanske Jame zum Weltnaturerbe erklärt.

6000 Höhlen verbergen sich im adrianahen Gebirgsstock – und erst etwa 100 von ihnen wurden bislang erforscht. Was sich im Karst abspielt, nennen Geologen ›Kalkkorrosion‹: Durch die stete Einwirkung von Wasser wird das poröse Gestein zersetzt, wobei Schluchten, Grotten und Tropfsteine entstehen. Freilich braucht die Natur dafür unendlich viel Zeit – für einen Millimeter Tropfstein 30 Jahre!

Unterirdischer Canyon

Weniger überlaufen als die Höhlen von Postojna, dafür eine Spur wilder sind die 35 km westlich gelegenen, von Plinius d. Ä. und Vergil besungenen **Höhlen von Škocjan** (Škocjanske Jame). Es handelt sich um einen 3,5 km langen, bis zu 60 m breiten und über 140 m tiefen Canyon, der sich stellenweise zu riesigen Hallen erweitert. Durchflossen wird er von der Reka, die nach einem 55 km langen Lauf über der Erde just hier abtaucht, um 34 km weiter nahe der Küste wieder zum Vorschein zu kommen.

Vom Besucherzentrum läuft man mit Führer 500 m bis zum Höhleneingang, passiert einen künstlichen Tunnel und betritt die ›Stille Grotte‹ voll schöner Tropfsteine. Anschließend kommt man zum ›Großen Saal‹ mit bis zu 15 m hohen Steinriesen. Hier beginnt ein seltsames Rauschen, das sich zu einem furiosen Finale steigert: Entlang hoher Steilwände stürzt der Fluss Reka in schwindelerregende Tiefen, an Stromschnellen sprüht die Gischt – unbestreitbarer Höhepunkt dieser Tour!

Funde von Waffen und Tierknochen belegen, dass in der Bronzezeit an der Höhle **Opferrituale** stattfanden. Von weit her kamen Menschen, um durch die riesigen Einfallstore einen Blick in den düsteren Canyon zu werfen, den sie vermutlich für das Reich der Toten hielten.

Wie ein Augenschlitz – durch Einsturztrichter schauen Sie aus der Unterwelt in die Helligkeit des Tages hinauf.

Über einen gesicherten Felssteg wandert man längs der Schlucht, um sie schließlich auf einer 45 m hohen, schmalen Brücke zu queren. Hinab geht es zu einer Halle voll terrassenförmig gestapelter Sinterpfannen – so werden die durch Wasserstrudel entstandenen schüsselähnlichen Gebilde genannt. In der ›Schmidhalle‹ erwartet Besucher ein letzter Kick: Vom Grund eines 165 m tiefen Einsturztrichters schaut man nach oben zum Licht und zurück auf die Reka, die sich in einem 10 m hohen Wasserfall ergießt. Danach bringt ein Schrägaufzug Besucher in die Oberwelt zurück.

Wer mehr sehen will, folgt vom Besucherzentrum dem 2 km langen Rundlehrpfad rings um den Großen und Kleinen Einsturztrichter. Man erlebt, wie die Reka dramatisch ›abtaucht‹, und passiert das Dorf Škocjan mit dem Höhlenmuseum. Darin sind Hunderte von Funden ab dem 12. Jh. v. Chr. ausgestellt, u. a. ein Gefäß mit einer venezianischen Inschrift aus dem 5. Jh. v. Chr., dem ältesten erhaltenen Schriftzug auf slowenischem Boden. Anhand von Modellen wird nachgezeichnet, wie sich das Wissen um die Höhle im Lauf der Zeit erweitert hat; in historischen Speichern sind Ethno-Exponate zu sehen. Über das Dorf Matavun geht es zum Besucherzentrum zurück.

INFOS/ÖFFNUNGSZEITEN

Škocjanske Jame: Škocjan 2, T 05 708 21 10, www.park-skocjanske-jame. si, Juni–Sept. tgl. 10–17 Uhr zu jeder vollen Stunde, April, Mai und Okt. tgl. 10, 13, 15.30, Nov.–März Mo–Sa 10 u. 13, So 15 Uhr; Eintritt inkl. Museum (11.30–19.30 Uhr) 16–24 €; Besichtigungsweg 3 km, Dauer 1.30 Std., an warme Kleidung und bequeme Schuhe denken!

KULINARISCHES FÜR ZWISCHENDRIN

Machen Sie ein Picknick mit Blick auf die ›abtauchende‹ Reka!

Faltplan: C 6

Ljubljana und die Mitte

Begeben Sie sich an den Fluss, um Sloweniens Hauptstadt von der schönsten Seite zu erleben! Die Art-déco-Architektur bildet eine fantastische Kulisse für vielfältige Genüsse, am Tag wie in der Nacht. Von einem Terrassencafé haben Sie das Treiben fest im Blick – oder Sie steigen in ein Ausflugsboot und lassen die Altstadt an sich vorbeiziehen. Und haben Sie abends vielleicht Lust auf Bewegung? Auf Pontons, die auf dem Wasser schwimmen, können Sie das Tanzbein zu Salsa schwingen. So vital ist Ljubljana, dass Sie am liebsten für immer bleiben würden!

Ljubljana 🗺 D 4/5

Schon der Name macht Lust auf den Besuch: ›Ljubljana‹ klingt weich und melodisch, darin eingewoben ist das slowenische Wort für ›Liebe‹ (ljubezen). Mit ihren 288 000 Einwohnern ist Ljubljana die gemütlichste Hauptstadt Europas.

In Sloweniens Mitte

Eine architektonische Perle: Die Straßenzüge zu Füßen der mittelalterlichen Burg sind von den verspielten Formen des Barock und Jugendstil geprägt, verkehrsberuhigte Plätze und Promenaden schaffen eine entspannte Atmosphäre. Mancherorts reichen Parkanlagen bis in die Stadt hinein. Und glauben Sie nicht, Ljubljana sei provinziell: Mit einer Vielzahl von Veranstaltungen und Festivals profiliert es sich als kulturelles Zentrum des jungen Staates, als moderne, weltoffene Stadt. Über 50 000 Studenten sorgen für ein beschwingtes Ambiente, in den Cafés und Kneipen ist jeden Tag etwas los. Die Financial Times schrieb: »Ljubljana ist eine der letzten Überraschungen in Europa, ein Prag ohne Massen.«

WAS TUN IN LJUBLJANA?

Durch die Gassen der Altstadt bummeln

In dieser so überschaubaren Stadt kann man durchatmen. Man braucht kein Mietauto und ist nicht angewiesen auf Bus oder Straßenbahn: Alle wichtigen Sehenswürdigkeiten sind mühelos zu Fuß erreichbar. Sympathischer Mittelpunkt Ljubljanas ist der **Prešernov trg** **1**, der weiträumige Platz an der Flussbiegung. Aus allen Himmelsrichtungen münden Straßen ein, in seiner Mitte steht die Statue des France Prešeren, dessen ›Trinklied‹ zu Sloweniens Nationalhymne wurde. Am Fuße des Dichterdenkmals trifft sich die Jugend, für eine anmutige Kulisse sorgen die Bauten im Jugendstil ringsum.

E
EPOS

France & Julija: Haben Sie schon bemerkt, wohin France so sehnsüchtig schaut? Julija heißt die Angebetete, die seinen Blick von der Stirnseite ihres Wohnhauses erwidert (Relief, Wolfova 4). France Prešeren, Sloweniens größtem romantischem Dichter, und Julija Primič, der Tochter eines reichen Kaufmanns, war es nicht vergönnt, zueinander zu finden. Sie musste einen anderen Mann heiraten, er stürzte sich in die Arbeit des Dichtens – Ergebnis dieser Konfusion war das schönste in Versen festgehaltene Liebesepos der Stadt.

Nachhaltig geprägt wurde die Stadt von dem Architekten Jože Plečnik. Sein originellstes Werk ist **Tromostovje** **2**, die Dreierbrücke: Eine Autospur wird von zwei Fußwegen flankiert, die strahlend weiße Balustraden und elegante Leuchten säumen. Sie queren die Ljubljanica und laufen trichterförmig auf die Altstadt zu. Links schwingen sich Plečniks Kolonnaden zur Drachenbrücke und bilden einen prächtigen Rahmen für das Treiben auf dem Markt (▶ S. 80). Steigen Sie über die Wendeltreppen ins Untergeschoss hinab, kommen Sie zum Fischmarkt, ein kleiner Imbiss gehört auch dazu! An der Ostseite des Marktplatzes (Pogačarjev trg) haben Flößer und Fischer im 13. Jh. zu Ehren ihres Schutzpatrons die **Nikolauskirche** **3** (Stolnica Sv. Nikolaja) errichtet. Sie wurde später barockisiert und besticht mit einer illusionistisch bemalten Decke. Durch einen Gang ist die Kirche mit dem Priesterseminar verbunden, das aber nur nach Voranmeldung beim TIC besichtigt werden kann.

Die einstige Altstadt beginnt südlich der Dreibrückenanlage am verkehrsberuhigten Stadtplatz (Mestni trg). Wo er sich trichterförmig weitet, steht das Rathaus mit Arkadenhof (1718), davor der von

Francesco Robba (ca. 1698–1757) entworfene Brunnen der Krainer Flüsse: Drei antike Wassergötter, Allegorien der Flüsse Sava, Krka und Ljubljanica, schütten mit expressiver Geste das kostbare Nass ins Marmorbecken.

Auf dem Mestni trg, der sich südwärts in den Stari trg verlängert, gibt es viele schöne Einkaufsläden. Holzgeschnitzte Schaufenster, schmiedeeiserne Schilder und Laternen bilden den Rahmen für eine lebendige Café- und Künstlerszene, die sich bis zur parallel verlaufenden Uferpromenade und zum Oberen Platz (Gornji trg) ausdehnt. Eine schöne Rast kann man im Schatten der barocken, 1672 erbauten Florianskirche einlegen; die zu ihr hinaufführende Freitreppe verwandelt sich im Sommer in ein Straßencafé. Von der Kirche führt ein von Plečnik gestalteter Fußweg zur Burg.

Hoch hinauf zur Burg

Ist Ihnen der Fußweg zur Burg zu beschwerlich, können Sie auch die Bergbahn nutzen. Vom Krekov trg, zwei Gehminuten von den Markthallen entfernt, fährt man mit der gläsernen Panorama-Bergbahn aufs Gipfelplateau. Dort thront seit dem frühen Mittelalter die **Burg von Ljubljana** 4 (Ljubljanski Grad, www.ljubljanskigrad.si, April/Mai/ Okt. tgl. 9–20, Juni–Sept. 9–21, Nov.– März 10–18 Uhr, Besichtigung inkl. Audioguide sowie Bergbahn hin und zurück 10–12 €). Früher schon gab es hier Wehranlagen der Römer, Kelten und Illyrer, im Jahr 1144 wurde erstmals die Existenz einer Burg dokumentiert. Unter der Herrschaft der Habsburger wurde sie im 15. und 16. Jh. zum Schutz gegen die Türken ausgebaut.

Bis heute ist sie das Wahrzeichen der Stadt, ihr Innenhof ist von Gebäuden der Romanik bis Gotik umschlossen. Spannend ist der Aufstieg über eine Wendeltreppe zum Aussichtsturm, der aus luftiger Höhe ein 360°-Panorama von Stadt und Land eröffnet. Anschließend geht es in die farbenprächtig ausgemalte Georgskapelle hinab und man spaziert über die aussichtsreichen Festungsmauern. Ein virtuelles Museum

Stairway to Heaven – hinauf zur Aussichtsplattform des Burgturms

(Muzej Virtualni) beleuchtet die Burg- und Stadtgeschichte der Burg, nach dem Besuch stärkt man sich im Burgcafé.

Uni und Križanke

Von der Altstadt gelangt man über die Čevljarski most (Schusterbrücke) zum universitären Zentrum am Neuen Platz (Novi trg). Studenten bevölkern die altehrwürdige Akademie der Künste und Wissenschaften sowie die von Plečnik als ›Heiligtum des Geistes‹ konzipierte **Nationalbibliothek** 5 (Narodna Knjižnica). Südlich schließt sich **Križanke** 6 an. Einst war der gesamte Komplex zwischen dem Platz der Französischen Revolution (Trg

Spannende Details zu Emona, der 2000 Jahre alten **römischen Siedlung,** erfahren Sie auch im Info-Terminal iEmona in der Fußgängerunterführung Chopinov podhod bei Kongresni trg (tgl. 9–21 Uhr, frei). Sie sehen hier einen Film sowie ein Modell der Stadt und archäologische Fundstücke.

LJUBLJANA

---

francoske revolucije) und den Straßen Emonska, Zoisova und Gosposka im Besitz der Deutschen Ordensritter (*križniki*). Sie lebten hier schon im 13. Jh. und hinterließen ein Kloster, das im 18. Jh. umgebaut wurde. Plečnik verwandelte es in ein Kulturzentrum, in dem im Sommer herrliche Konzerte stattfinden. Nur ein paar Schritte entfernt befindet sich das **Stadtmuseum** 7 (Mestni muzej, Gosposka 15, www. mgml.si/mestni-muzej-ljubljana, Di–So 10–18, im Sommer Do bis 21 Uhr, 6 €).

In der Dauerausstellung erfahren Sie viel über die Geschichte Ljubljanas und ihre Spiegelung im Alltagsleben. Im Museum erhalten Sie auch Infos zum Archäologischen Rundweg, der zu Relikten der römischen Siedlung Emona im Stadtteil Mirje führt.

Rund um den Tivoli-Park

»Slowenien hat zwei Millionen Einwohner und jeder vierte hält sich für einen Künstler«, witzelt Freund Igor. Kunst ist hip und der Besuch von Kunststätten auch.

Und weil jeder noch so kleine Staat ein Kulturquartier braucht, leistet sich auch Slowenien eines. Mit einem Opernhaus, dem **Nationalmuseum** 8 (▶ S. 76) sowie weiteren großen Museen und Galerien findet man am und im Tivoli-Park eine der dichtesten Konzentrationen von Kunst in Mitteleuropa.

Slowenischer Louvre

In der pompösen **Nationalgalerie** 9 wird Kunst vom 13. bis 20. Jh. ausgestellt, darunter geschnitzte gotische Skulpturen, mittelalterliche Wandgemälde und Porträts blassgesichtiger Adeliger. Spannend ist die Entdeckung slowenischer Künstler, die sich von internationalen Strömungen inspirieren ließen, ohne die eigenen Wurzeln zu verleugnen. Da sind Nationalromantiker wie Pavel Kunl (1817–71), Marko Pernhart (1824–71) und Anton Karinger (1829–70), die die Schönheit der slowenischen Natur grandios in Szene setzen. Nachfolger wie Ivan Grohar (1867–1911) und Rihard Jakopič (1869–1943)

Seltsame Fundstücke – **Ljubljanas Nationalmuseum**

Alle Schätze des Landes sind in der Hauptstadt versammelt: von der ältesten Flöte der Welt bis zu Avantgarde-Fotografien, von altrömischen Reliefs bis zu Installationen der Neuen Slowenischen Kunst. Im Nationalmuseum, dem Flaggschiff aller Museen, könnten Sie Ihren Kulturtrip beginnen!

Kabinett der Kostbarkeiten

Das **Nationalmuseum** 8 wurde 1841 in einem prachtvollen Neo-Renaissance-Palast nahe dem Platz der Republik eingerichtet. Es birgt umfangreiche Sammlungen zu Archäologie, Ethnologie und Geschichte. Eine 11 cm lange Flöte ist der besondere Stolz des Museums: In einer Karsthöhle nahe Cerkno wurde sie 1995 entdeckt, und man fand heraus, dass es weltweit keine Flöte älteren Ursprungs gibt. Vor 60 000 (!) Jahren wurde sie aus dem Oberschenkelknochen eines jungen Bären geschnitzt und ist mit vier perfekt perforierten Löchern versehen. So weiß man nun, dass der Neandertaler keineswegs nur mit dem nackten Überleben beschäftigt war …

Aus der Bronzezeit stammen reich geschmückte Gefäße, darunter die berühmte »Situla von Vače« (6. Jh. v. Chr.). Hierbei handelt es sich um ein mit Reliefs verziertes Bronzegefäß, das aufgrund seiner technischen Ausführung und eleganten Figurendarstellung hohes künstlerisches Niveau beweist. Eingemeißelt sind Szenen aus Krieg und Frieden: Ganz oben sieht man Reiter und Ross in Kampfmontur, in der Mitte ein fürstliches Fest mit Opfergaben und darunter zahlreiche Tiere. Die aus der gleichen Zeit stammende altägyptische Mumie ist in einem separaten, schummrig erleuchteten Raum ausgestellt – ›Mitbringsel‹ eines im 19. Jh. in Kairo stationierten habsburgischen Konsuls. Zur antiken Sammlung gehören 200 Steinskulpturen, darunter der »römische Bürger aus Emona« mit

D
DENKMAL

Im zugehörigen **Museumspark** erinnert ein Denkmal an den slowenischen Historiker und Naturwissenschaftler **Johann Weichard von Valvasor** (1641–1693). In der europäischen Geisteswelt jener Zeit wurde er hoch verehrt und genoss den Beinamen ›krainischer Herodot‹ (zur Erläuterung: das Herzogtum Krain war Vorläufer Sloweniens). Seine wichtigsten Werke entstanden im Schloss Wagensburg (heute Bogenšperk).

Eine antike Gottheit für die Handtasche – Fundstück aus römischer Zeit

wallender Toga. Sie stammen aus einer Zeit, da Ljubljana – damals hieß es Emona – ein wichtiger Stützpunkt im Imperium Romanum war. Interessant ist auch die ethnologische Abteilung des Museums. Außer Kleidern, festlichen Trachten und Musikinstrumenten sind farbenfroh bemalte Bienenstockbrettchen ausgestellt – im Museum von Radovljica (▶ S. 45) werden Sie mehr über sie erfahren!

Einblick in die Geologie, Flora und Fauna des Landes vermittelt schließlich das **Naturhistorische Museum** im ersten Stock: mit Vitrinen voller Muscheln und Mineralien, einem 20 000 Jahre alten Mammutskelett und einer Höhle mit Nachbildungen des Grottenolms.

INFOS/ÖFFNUNGSZEITEN

Nationalmuseum 8: Narodni muzej, Muzejska ulica 1, www.nms.si, tgl. 10–18 Uhr, 6 €, fragen Sie auch nach Kombitickets!
Naturhistorisches Museum: Prirodoslovni muzej, Prešernova 20, www.pms-lj.si/en, tgl. 10–18 Uhr, 4 €

KULINARISCHES FÜR ZWISCHENDRIN

Seit 1967 gibt es gleich um die Ecke, in der Tomšičeva ulica 12, den **PEN-Club:** Slowenische Schriftsteller laufen ihnen hier wohl nicht mehr über den Weg, doch im **Restaurant** 10 im ersten Stock sieht man oft Angehörige der nahe gelegenen Botschaften. Hier wird vornehm gespeist und die Weinauswahl ist gut, meist haben Sie die Wahl zwischen zwei Menüs für 25–30 € (T 01 251 41 60, www.restavracija-penklub.si, tgl. 12–22 Uhr).
Aber vielleicht haben Sie eher Lust auf einen hervorragenden Kaffee? Dann empfehle ich Ihnen das **Moderna Speciality Café** im Erdgeschoss der **Moderna galerija** 10 (Cankarjeva cesta 15, T 41 33 69 27, www.kavarna moderna.si)!

Cityplan: S. 74

Früher Kasernen, heute Kunst- und Kulturquartier – die Metelkova Mesto nördlich der Altstadt

kreieren flirrende Impressionen voller Licht. Sloweniens berühmteste weibliche Künstlerin ist Ivana Kobilca (1861–1926), die sich dem Realismus verschrieb. Ihr Gemälde »Kaffeetrinkerin« brach mit vielen Konventionen ihrer Zeit: Ganz in Schwarz gekleidet, alt und faltenreich, verströmt sie Lebenslust und Charme. – Und der ›slowenische Louvre‹ bietet noch mehr: Über einen riesigen Glaskubus, in dem Francesco Robbas Originalbrunnen vom Mestni trg steht, gelangt man in die Abteilung Europäische Kunst mit einem Querschnitt vom Mittelalter bis zur Moderne.

Narodna galerija, Prešernova 24, www.ng-slo.si, Di–So 10–18 Uhr, 5–10 €

Neue Slowenische Kunst

Wo die Nationalgalerie aufhört, setzt die **Moderne Galerie** 10 ein. Alptraumhafte Sujets des Expressionisten Tone Kralj (1900–75), die düstere Fantastik von France Mihelič (1907–98) und surrealistisch verfremdete Bilder von Štefan Planinc (geb. 1925) kennzeichnen die Abkehr von der Klassik. Der Schwerpunkt der Sammlung liegt auf konzeptueller Kunst, die mit den Kollektiven OHO und Neue Slowenische Kunst vertreten ist. Zur NSK gehören

die Rockgruppe Laibach, Irwin und das Scipion Nasice Sisters Theater – sie alle wollen provozieren, verfestigte Denk- und Verhaltensmuster aufbrechen.

Moderna galerija, Cankarjeva 15, www.mg-lj.si, Di–So 10–18 Uhr, 5 €

Grafik über alles!

Hinter der Galerie der modernen Kunst breitet sich der hügelige Tivoli-Park aus – erreichbar über eine Unterführung. Eine Promenade mit eleganten Plečnik-Kandelabern, die oft als Open-Air-Galerie dient, führt geradewegs zu einem Barockschlösschen aus dem 17. Jh., Sitz des **Internationalen Grafikzentrums Tivoli** 11 (Galerija Tivoli). Es ist eines der wenigen Museen weltweit, das sich exklusiv der Grafik widmet: Skizze und Zeichnung, Radierung und Kupferstich, Holz- und Linolschnitt, Lithografie und Serigrafie – unerschöpflich sind die kreativen Potenziale auf Papier! Zu sehen sind mehrere Hundert Bilder berühmter Künstler, die in wechselnden Ausstellungen präsentiert werden. Alle zwei Jahre (ungerade Zahl!) organisiert das Zentrum die weltweit größte Grafikbiennale hier und in den Galerien der Hauptstadt.

Galerija Tivoli, Pod turnom 3, www.mglc-lj.si, Di–So 10–18 Uhr, 5 € (Biennale Aufschlag)

Dokumentierte Geschichte

Im Cekin-Schloss (Cekinov grad) am Ostrand des Tivoli-Parks befindet sich das **Museum der Zeitgeschichte** 12 (Muzej novejše zgodovine). Dort werden Besucher mit Hilfe audiovisueller Medien mit der slowenischen Geschichte von 1914 bis heute vertraut gemacht – eine gute Ergänzung zum Museum der Stadtgeschichte (▸ S. 74), das sich mit der Zeit davor befasst!

Muzej novejše zgodovine, Celovška 23, www.muzej-nz.si, Di–So 10–18 Uhr, 4,50 €, beim Kauf von Kombitickets gibt es einen Rabatt

Früher Kaserne, heute kreative Unruhe

Warum soll Ljubljana nur ein Kulturquartier haben? Wir brauchen mindestens zwei! Dies war um die

Jahrtausendwende die Meinung vieler. So entstand im Bezirk Metelkova Mesto, just dort, wo in der Habsburger Zeit und auch danach Kasernen das Stadtbild verschandelten, ein komplett neues, alternativ angehauchtes **Kunst- und Kulturquartier** . Das ehemalige Militärgefängnis verwandelte sich in ein exzentrisches Hostel, Studenten und Künstler übernahmen die Regie und bildeten Kulturinitiativen. Das Viertel erwarb den Ruf, eine Stadt in der Stadt zu sein, viele Häuserwände wurden mit bunten Graffiti verziert. Und auch die Stadtregierung wurde aktiv und erweiterte das Museenangebot: Rings um einen großen Platz reihen sich die Avantgarde-Bauten des **Ethno-grafischen Museums** (Metelkova ul. 2, www.etno-muzej.si, 4,50 €), des **Museums für zeitgenössische Kunst** (Muzej sodobne umetnosti, Maistrova ul. 3, www.mg-lj.si, 5 €) und einer **Filia-le der Nationalgalerie** mit Sammlungen vom 17. bis 20. Jh. (Narodni muzej Slovenije Metelkova, Maistrova ul. 1, www.narmuz-lj.si, 6 €). Und wollen Sie wissen, welche Events gerade anstehen, schauen Sie bitte auf die Homepage www.metelkovamesto.org.

SCHLEMMEN, SHOPPEN, SCHLAFEN

🏠 In fremden Betten

Zentral und viel Komfort
Slon

Traditionsreiches, elegantes Viersterne-hotel der Kette Best Western. Von den höher gelegenen der 168 Zimmer blickt man zum Burghügel oder auf die baro-cke Prachtfassade der Post. Viele Extras sind inklusive, so der Tee- und Kaffee-kocher, Bademantel und L'Occitane-Kosmetik, Safe und WLAN. Höchstes Lob verdienen die dick gepolsterten Betten. Das Frühstücksbüfett ist opulent, schön sitzt man auch im Bistro und im Art Café.
Slovenska 34, T 01 470 11 00, www.hotelslon. com, DZ ab 145 €

Guter Standard
City Hotel

Das Hotel mit 62 Zimmern liegt nur wenige Gehminuten von der Altstadt entfernt.
Dalmatinova 15, T 01 239 00 00, www.cityho tel.si, DZ ab 110 €

Kunst und Knast
Hostel Celica

Zwanzig ehemalige Gefängniszellen (Zelle = *celika*) wurden von sloweni-schen Künstlern fantasievoll gestaltet und in Doppel- oder Dreibettzimmer ver-wandelt; weitere neun Zimmer befinden sich oben im Haus. Gratis-WLAN.
Metelkova 8, T 01 230 97 00, www.german. hostelworld.com, Bett ab 22 €

Historische Fassade, modernes Design
Vander Urbani Resort

Das Hotel am Flussufer, mitten in der Fußgängerzone, ist mit Designerstücken ausgestattet. Alle 16 Zimmer zeichnen sich aus durch Eleganz, die Flügelfenster weisen zum Fluss. Der Pool auf dem Dach bietet sich für eine Schwimmrunde zum Sonnenuntergang an, nebenan gibt es einen Yoga-Glaskubus mit Blick über die Stadt. Einziger Wermutstropfen: Die nächstgelegene Tiefgarage kostet 40 € pro Tag – aber immerhin wird das Gepäck mit Elektrowagen abgeholt.
Krojaška ul. 6–8, T 01 200 90 00, www.vander hotel.com, 16 Zimmer, DZ ab 130 €

🍴 Satt & glücklich

Kreativ und geschmackvoll
Valvasor

Sie haben die Wahl: Speisen Sie auf der Außenterrasse oder drinnen in warmem Minimal Design unter Barockgewölben. Die mediterrane Autorenküche hält dem Ambiente stand: Versuchen Sie es doch einmal mit Idrija- Ravioli mit Spargelcreme, gebackenem Seebrassen-filet mit Trüffelsoße und als Finale Schoko-Baiser-Torte à la Valvasor!
Stari trg 7, T 01 425 04 55, www.valvasor.net, Mo–Fr 12–23 Uhr, ab 15 €

10

Bio, Kräuter und Design – **shoppen in Ljubljana**

Frischware in eleganten Marktkolonnaden, Minimal Design in Galerien, dazu traditionelles Kunsthandwerk, Bio-Wein und ausgefallene Kulinaria: Kontraste würzen den Einkaufsbummel in Ljubljana.

Modetempel

Der Einkaufsbummel startet an der Dreibrückenanlage. In der **Galerija Emporium** 🏛, einem prachtvollen Art-Nouveau-Palast anno 1903, sind auf fünf Stockwerken internationale Top-Mode-Labels vereint. Auch slowenische Designerinnen sind darunter, so Nataša Peršun mit schörkellos-strengen Outfits und Barbara Plavec mit ihrem Retro-Look der 1950er- und 60er-Jahre. Dazu gibt es ausgefallene Schuhe und Accessoires …

Lokale Produkte direkt vom Erzeuger

Jenseits der Brücke hält man sich links und kommt an marmornen Säulenkolonnaden vorbei zum **Markt** 🏛 (Glavna tržnica). Hier, wo Bäuerinnen das Zepter schwingen, taucht man in eine andere, traditionelle Welt ein. Topfen gehen über den Tresen, Suppenhühner und hausgemachte Nudeln, Wurst im Naturdarm und Räucherkäse, eingelegte Früchte und getrocknete Kräuter, Oliven- und Kürbiskernöl, Back- und Konditoreiwaren, Obst und Gemüse. Die beste Marktstimmung herrscht am Samstag. Eine Etage tiefer, unter den Kolonnaden, werden Meeresfrüchte angeboten. An Imbissständen können Sie die Köstlichkeiten probieren.

Traditionsmarken am Mestni trg

Rings ums Alte Rathaus haben sich Sloweniens Traditionsfirmen positioniert: In der **Vinoteka Movia** 🏛 kosten Sie Bio-Wein aus dem Grenzgebiet zu Italien (Goriška Brda), Barrique-Tropfen wie Veliko, die zu den tausend besten der Welt zählen. Ein paar Häuser weiter steht Handfestes auf dem Programm. Bei

M
MÄRKTE

Am Samstagvormittag findet rings um das Flussufer (Cankarjevo nabrežje) ein **Kunst- und Antiquitätenmarkt** statt, einen Tag später der **Flohmarkt** – da kann man u. a. Jugo-Militaria, Schallplatten, historische Karten und Stiche erstehen!

Piranskie Soline  wird Salz von den Salinen der Küste (▶ S. 58) in dekorativen Leinensäckchen, Keramik-, Glas- und Holztöpfchen angeboten. Salzblütenkristalle verleihen dunkler Schokolade eine raffinierte Note – überzeugen Sie sich selbst und kosten Sie ein Gratis-Stück!

Freches Design am Gornji trg

Rund um den Burgmarkt sind Sloweniens Top-Designer vereint. Sie sind Absolventen der Fakultät Textilien an der Universität Ljubljana und experimentieren auf hohem Niveau. Aus Familientradition schöpft auch **Urša Draž** : Mutter Karolina strickte in jeder freien Minute, die Tochter hat die Strickerei professionalisiert und geadelt – selbst Abendkleider stellt sie aus Wollgarn her. Urša setzt auf verrückte Farbspiele, haptische Effekte und schräge Schnitte, jedes Stück kommt als kleines Kunstwerk daher. Sie können auch Ihr eigenes erschaffen, indem Sie Farbe, Schnitt und Länge bestimmen; die Maßanfertigung dauert freilich mehrere Wochen.

Bei Urša Draž gibt's Gestricktes in frischem Design – jedes Stück ist ein Unikat.

INFOS/ÖFFNUNGSZEITEN

Galerija Emporium : Prešernov trg 5-A, www.galerijaemporium.si, Mo–Fr 10–21, Sa 10–20, So 11–17 Uhr
Glavna tržnica (Markt) : Pogačar & Vodnikov trg, Mo–Fr 8–16, Sa 8–14 Uhr
Vinoteka Movia : Mestni trg 2, www.movia.si, Mo–Fr 12–23 Uhr
Piranskie Soline : Mestni trg 19, www.soline.si, Mo–Fr 9–20, Sa 9–17, So 10–15 Uhr
Draž : Gornji trg 9, www.draz.si/en/store, Mo–Fr 9–13, 15–19, Sa 9–15 Uhr

KULINARISCHES FÜR ZWISCHENDRIN

Wollen Sie ein gemütliches Teehaus kennenlernen? In der **Čajna hiša** ❶ (Stari trg 3, www.cha.si, Mo–Fr 9–20, Sa 9–13.30 Uhr) stehen Dutzende von Teesorten zur Wahl. Sehr beliebt bei warmem Wetter: Campari Orange Ice Tea oder auch Ice Tea Cup mit Schlagsahne.

Cityplan: S 74

Im Burghof
Na gradu ②
Verfeinerte slowenische Gerichte auf der Burg, z. B. Hirschgulasch und istrische Teigtaschen *(žlikrofi)* mit Lamm.
Grajska planota 1, T 08 205 19 30, www.nagradu.si, Mo–Sa 12–21, So 12–16 Uhr, Mittagsgerichte ab 9 €

Klein aber fein
Monstera Bistro ③
Zum Mittagslunch wird's voll, darum ist es ratsam zu reservieren. Vier Haupt- und je zwei Vor- und Nachspeisen stehen zur Wahl: alle perfekt zubereitet. Nur schade, dass man nicht draußen sitzen kann!
Gosposka 9, T 040 43 11 23, www.monstera bistro.si, Mo–Mi 11.30–16 Uhr, Do–Sa 11.30–16, 19–23 Uhr, dreigängiges Menü 19 €

Hausmannskost aus allen Regionen
Šestica ④
Das über 200 Jahre alte Gasthaus (mit Innenhof!) liegt an der Hauptstraße und bietet ein günstiges Mittagsmenü. Gut schmecken Pilz- und Gulaschsuppe, Wurst und Sauerkraut.
Slovenska 40, T 01 242 08 55, www.sestica.si, Mo–Fr 12–23, So 12–17 Uhr, ab 10 €

Fast so schön wie ›Nordsee‹
Okrepčevalnica Ribca ⑤
Es riecht nach Sardinen, Heringen und Tintenfisch – die Fischbrötchen vom Marktimbiss unter Plečniks Arkaden schmecken vorzüglich! Die Bedienung aber könnte freundlicher sein …
Pogačarjev trg, T 01 425 15 44, www.ribca.si, im Sommer Mo 8.30–15, Di–Sa 8.30–20, So 11–17 Uhr, sonst kürzer; werktags Mittagsmenü 10 €

Verstecktes Juwel
Luda ⑥
Weder zentral noch auffällig und vielleicht deshalb so gut. Das kleine Lokal lädt ein zu einem Drei- oder Fünfgängemenü, das Sie sich aus zwei Vor-, drei Haupt- und zwei Nachspeisen zusammenstellen können: allesamt frische, gesunde, hochwertige Gastro-Kreationen, die freilich all jene, die auf deutsche Hausmannskost geeicht sind, verstören könnten. Alle paar Tage wird die Speisekarte geändert, lassen Sie sich also überraschen!
11 Poljanska Cesta, T 05 176 12 94, www.luda.si, Di–Sa 18–22.30 Uhr, vier Gänge 35 €

Tapas auf Slowenisch
TaBar ⑦
Gemütliches Lokal mit einem breit gestreuten Angebot kalter und warmer lokaler Produkte. Die Palette reicht von gegrilltem Tintenfisch mit frischen Kräutern über toll zubereiteten Lachs bis zu Ziegenkäse und Schinken, aber auch Vegetarier kommen auf ihre Kosten. Flinker Service und slowenischer Wein, Wasser und Brot gibt es gratis dazu.
Ribji trg 6, T 031 764 063, www.tabar.si, Mo–Sa 12–24 Uhr, Mittagsmenü 10–16 €

Am liebsten alles probieren
Lolita ⑧
Das Café an den drei Brücken überrascht mit einem originell gestalteten Innenraum und bietet Süßigkeiten vom Feinsten: Obstkuchen, Torten, Pannacotta und Mousses (wunderbar z. B. Schokoladenmousse mit Mango), an kalten Tagen auch heiße Schokolade. Dies ist auch ein schöner Ort, um Leute zu beobachten, WLAN ist hier gratis.
Cankarjevo nabrežje 3, T 41344189, tgl. 8.30–23 Uhr

Ü
ÜBRIGENS

Als **Nebotičnik** 1933 fertiggestellt wurde, war dies das höchste Gebäude im damaligen Königreich Jugoslawien. Und in ganz Europa waren nur acht Gebäude noch höher!

Wolkenkratzer
Nebotičnik ⑨
Das Café im zwölfstöckigen »Wolkenkratzer« wechselt sehr oft seine Besitzer, doch wenn Sie Glück haben und der

Betrieb funktioniert, fahren Sie hinauf in den 12. Stock, bestellen einen Kaffee und genießen den großartigen Blick auf die Stadt.

Štefanova 1, T 05 9 07 03 95, www.neboticnik.si

....

Wenn die Nacht beginnt

Die meisten Besucher vergnügen sich in den Kneipen und Lokalen am Flussufer, unter den zahlreichen Musikkneipen ragt der Klub K4 hervor. Wachsender Beliebtheit erfreuen sich auch die Clubs im Stadtviertel Metelkova Mesto, die sich freilich meist erst nach Mitternacht füllen (www.metelkovamesto.org).

Kleiner Club, großes Programm
Klub K4 ❄

Seit 1989 behauptet sich K4 als Zentrum der alternativen Musikszene: mit elektronischer und experimenteller Musik, Hip-Hop und Performance. Einmal pro Woche findet hier eine Veranstaltung für Schwule und Lesben statt.

Kersnikova 4, www.klubk4.org

Die besten Tropfen
Vinoteka Movia 🔟

Hier können Sie Top-Weine glasweise kosten (▶ S. 80).

Von allem etwas
Cankarjev dom ❄

Das wichtigste Kultur- und Kongresszentrum der Stadt verfügt über zwei Auditorien und mehrere kleinere Säle. Fast jeden Abend gibt es Pop oder Klassik, Ausstellungen, Vorträge, Bühnenevents und Filme.

Trg republike 3/Prešernova cesta 10, T 01 241 72 99, www.cd-cc.si

Sinfonische Konzerte
Slovenska Filharmonija ❄

Die 1701 gegründete Philharmonische Akademie in der Südostecke des Platzes ist eine der ältesten Musikvereinigungen der Welt. Zu den Mitgliedern zählten Haydn, Beethoven und Brahms.

Fragen Sie, an welchem Tag der Woche oder des Monats im laufenden Jahr der Eintritt in den **Tivoli-Park** kostenlos oder länger gestattet ist. **Vergünstigungen** gibt es auch beim Kauf von Kombitickets!

Schubert bewarb sich vergeblich um den Posten eines Musikdirektors, Mahler war hier 1881/82 Dirigent.

Kongresni trg 10, T 01 241 08 00, www.filharmonija.si

....

Sport & Aktivitäten

Radverleih
Ljubljana Bike ❶

Die Stadt Ljubljana ist ideal für Radfahrer. Die Touristeninformation STIC vermietet Räder und informiert über das Verleihsystem BicikeLJ.

Krekov trg 10, T 01 306 45 75, www.visit ljubljana.si, Räder April–Okt. für 8 € pro Tag; Radverleih auch möglich über www.bicikelj.si

....

INFOS UND VERKEHR

....

TIC

Karten und Broschüren, Veranstaltungstipps, Vermittlung von Privatzimmern, Stadtbesichtigung und Touristenzug. Lassen Sie sich auch über die Vorteile beim Kauf der Ljubljana Card beraten (Benutzung öffentlicher Verkehrsmittel, freier Eintritt in Museen etc.)! Das für ganz Slowenien zuständige STIC (mit Radstation) findet man wenige Minuten entfernt am Krekow trg 10 (s. Radverleih).

Adamič-Lundrovo Nabrežje 2, 1000 Ljubljana, T 01 306 12 15, www.visit-ljubljana.si, Juni– Sept. 8–21, Okt.–Mai 8–19 Uhr

Verkehr: Die Altstadt ist weitgehend verkehrsberuhigt, Tickets für die wenigen vorhandenen Parkplätze kauft man am Automaten und platziert sie gut sichtbar an der Windschutzscheibe. Das zentrale Parkhaus am Kongresni trg erreicht man über die Slovenska cesta oder die Šubičeva cesta.

TERMINE

Ljubljana Festival: Ende Juni–Mitte Sept. Beim Internationalen Sommerfestival gibt es auf der Burg und im ehemaligen Kreuzritter-Kloster Križanke großartige Konzerte, Tanz und Theater. Infos: www.ljubljanafestival.si
Ana Desetnica: Juni/Juli. Beim Festival der Straßentheater verwandelt sich die Altstadt Ljubljanas in eine riesige Bühne.
Filmfestival Ljubljana: Nov. Bei der zweiwöchigen, inzwischen fest etablierten Filmschau LIFFE werden vor allem Autorenfilme gezeigt.

Škofja Loka 🗺 D 4

Hier fühlt man sich ins Mittelalter versetzt. Schon von Weitem sieht man die mächtige Burg über den terrassenförmig angelegten verwitterten Bürgerhäusern. Infos bekommt man am Mestni trg, dem ›Stadtplatz‹ mit seinem harmonischen Ensemble alter Bürgerhäuser, der Mariensäule von 1751 und einer weit ausladenden Linde. Aus der Zeit der Türkeneinfälle stammen die Häuser am Cankar-Platz (Cankarjev trg), über kopfsteingepflasterte Gassen geht es hinab zum Unteren Platz (Spodnji trg).

Burgmuseum

Die Entstehung der Burg geht auf das Jahr 973 zurück, als Kaiser Otto II. dem Freisinger Bischof Abraham die Stadt zum Geschenk machte. Nach dem Erdbeben von 1511 wurde die Burg erneuert, heute beherbergt sie ethnografische, kunsthistorische und naturkundliche Sammlungen (Loski muzej, Grajska pot 13, www.loski-muzej.si, Di–So 10–18 Uhr, 5 €).

❶ Infos
TIC
Im Büro direkt am ›Stadtplatz‹ gibt es Broschüren, Tipps zur Unterbringung und zu Restaurants.
Mestni trg 7, T 04 512 02 68, www.skofjaloka. info, Mo–Fr 8.30–19, Sa 8.30–12.30, Juni–Sept. auch So 8.30–12.30 Uhr

Kranj 🗺 D 4

Eine hübsche Altstadt, umschlossen von Industrieanlagen und weniger attraktiven Ortsteilen: Kranj liegt nur 9 km vom Flughafen entfernt, ist deshalb ein idealer Zwischenstopp auf dem Weg nach Ljubljana.

Zum Hauptplatz

Zentrum der Stadt ist der Glavni trg mit Touristeninfo und freskengeschmückten Bürgerhäusern, das Alte Rathaus (Stari Rotovž) ist mit dem angrenzenden Adelspalais zu einem einheitlichen Ensemble verschmolzen. Das Regionalmuseum befindet sich im ersten Stock des Rathauses – in einem Renaissance-Saal von 1638 mit hölzerner Kassettendecke und einem mit Intarsien geschmückten Portal. Stolz des Museums sind Werke des Bildhauers Lojze Dolinar (1893–1970), aber auch volkstümliches Kunsthandwerk wird ausgestellt (Gorenjski muzej: Glavni trg 4, www. gorenjski-muzej.si, Di–So 10–18 Uhr, 3 €). Sehenswert sind auch die gotische Kanzian-Kirche (Sv. Kancijan) und die Burg Khislstein (Grad Khislstein). An den Dichter France Prešeren (1800–49) erinnert ein biografisches Museum (Prešernova 7, www.gorenjski-muzej. si, Di–So 10–18 Uhr, 3 €); vor dem nach ihm benannten Theater steht sein Bronzedenkmal.

⌂ Neobarock
Actum Hotel
Boutique-Hotel in der Fußgängerzone von Kranj mit 27 schön und sehr unterschiedlich eingerichteten Zimmern, einige mit Rolls-Royce-Deko, andere

mit Himmelbett und Whirlpool. WLAN ist gratis, Kabel-TV gibt es mit vielen deutschen Sendern. Auch das reichhaltige Frühstücksbüfett wird Ihnen in guter Erinnerung bleiben! Allerdings ist die Anfahrt mit Auto etwas schwierig: Geben Sie im Navi ›Tomšičeva ulica 6, Kranj‹ ein, ziehen Sie dann am Eingang zur Innenstadt ein Ticket und lassen Sie sich zum Gratis-Parkplatz an der Rückseite des Hotels treiben! Presernova ul. 6, T 05 908 24 00, www. actum-hotel.com, DZ ab 140 €

🍺 Gemütlich
Kot
Im denkmalgeschützten Haus am Stadtmarkt werden slowenische Spezialitäten serviert: *kranjska kolbasa* (hausgemachte Kranjer Wurst) oder *sivori štruklji* (Käsestrudel), für Vegetarier eine ›Vitaminplatte‹. Im Sommer kann man auch draußen sitzen!
Maistrov trg 4, T 04 202 61 05, www.gostilna kot.si, Mo–Sa ab 8 Uhr, ab 9 €

❶ Infos
TIC
Aktuelle Tipps und geführte Stadttouren.
Glavni trg 2, 4000 Kranj, T 04 238 04 50, www. visitkranj.com, Sa/So geschl.

Kamnik ◫ D 4

Das Städtchen liegt am Fuß der Steiner Alpen. Die Altstadt mit ihren kopfsteingepflasterten Gassen bewahrt die Atmosphäre des 15. Jh., als Kamnik ein führendes Handelszentrum war: Gold- und Silberschmiede, Kürschner und Krämer hatten ihre eigenen Zünfte, in der Münzanstalt wurde Bares für den Handel geprägt.

Nostalgisch
Ein schönes Ambiente herrscht auf der alten Hauptstraße Šutna: Die Fassaden sind mit altertümlichen Fenstergittern und Ladenschildern, restaurierten Steinportalen und Arkaden geschmückt. Drei Burgen künden von einstigem Ruhm:

die Große und die Kleine Burg als spektakuläre Ruinen, die Burg Zaprice als Museumsstätte: mit Exponaten zur Geschichte der Region, Kunsthandwerk und antiken Möbeln (Mestni muzej: Muzejska pot 3, www.muzej-kamnik-on. net, Mo geschl., 2,50 €).

•••••••••••• IN DER UMGEBUNG ••••••••••••

Blumen und Pflanzen aus aller Welt
Arboretum ◫ D 4
4 km südöstlich der Stadt betreten Sie den meistbesuchten Park Sloweniens: eine Gartenanlage vom Feinsten, gegründet 1952 von der Universität Ljubljana. Sie finden hier mehr als 2500 Baum- und Straucharten, im Frühjahr blühende Rosskastanien, Tulpen und Narzissen.
Volčji potok 3-A, 1235 Radomlje, www. arboretum-vp.si/de, April–Aug. tgl. 8–20 Uhr, sonst kürzer, 8,50 €

Celje ◫ F 4

›Stadt der Grafen und Fürsten‹: Hoch über der Savinja thront die Burg der Grafen von Cilli, die hier im 14./15. Jh. residierten. Ihr zu Füßen kauert am gegenüberliegenden Ufer die verkehrsberuhigte Altstadt. Bürgerpaläste aus dem 19. Jh. verströmen gründerzeitlichen Charme, im Sommer öffnen Straßencafés.

In die Altstadt
Das 49 000 Einwohner zählende Celje liegt an der Savinja, 79 km östlich von Ljubljana. Besucher interessieren sich vor allem für die Altstadt. Vom Hotel Evropa nahe dem Bahnhof erreicht man in fünf Minuten den Glavni trg, Celjes Hauptplatz. Mit seinen barocken Bürgerhäusern und einer Mariensäule aus dem Jahr 1776 zählt er zu den malerischsten Flecken der Stadt. Früher wurde hier der Stadtmarkt abgehalten, heute bildet er die Kulisse für Konzerte und Theateraufführungen im Freien.

Alpenoasen – oberes Savinja- und Logar-Tal

Sesam öffne dich: Hinter schroffen Bergwänden verstecken sich sattgrüne Täler, in denen Almbauern die Stellung halten. Kein Wunder, dass ihre Produkte nach urwüchsiger Natur schmecken, allen voran handgeschöpfter Käse, Schinken und Waldhonig.

Tief kerbt sich die Savinja in den hochalpinen Gebirgsstock ein und rauscht vorbei an herausgeputzten Bauerndörfern zu Tal. Von der parallel verlaufenden Autostraße zweigen Asphaltpisten in Seitenschluchten ab – mit spektakulären Ausblicken auf schroff gezackte Bergriesen.

Slow Food in Luče

Bester Ausgangsort für Natur- und Aktivurlaub ist **Luče** 1 am Zusammenfluss von Savinja und Lučnica. Gepflegte Höfe gruppieren sich um die Marktkirche, im Norden erhebt sich der 2062 m hohe Raduha. Nach ihm ist die **Gostilna Raduha** 1 benannt, wo Martina Breznik in vierter Generation einen Schlemmer-Gasthof betreibt. Im rustikalen Stuberl mit Kachelofen genießt man Bodenständiges auf höchstem Niveau, z. B. Ziegenkäse-Mousse mit Holundersoße oder Teigtaschen mit Hirschfleisch, übergossen mit Tannenzapfensirup (*žlikrofi*).

Den Titel ›Beste Köchin Sloweniens‹ brachte ihr die mit Brennnesseln gefüllte Forelle in Fenchelsoße ein; die Gastro-Auszeichnung ›Alpe Adria‹ gewann sie mit Schweinelende in Bärlauchkruste. Meist verwendet Martina Breznik Zutaten aus der Umgebung; sie sammelt Waldkräuter und Pilze, kauft bei Bauern und Almhirten Honig, Milch, Butter, Käse, Eier, Wurst und Speck.

Inmitten ihres zur Savinja hinabreichenden Gartens können Sie sich in Komfortholzhütten einmieten: architektonische Meisterwerke in zeitgenössischem Design!

Das Logar-Tal: 9 km saftige Weiden, umschlossen von hohen Bergen

Geschützte Seitentäler

In Luče hatte sich das Tal ein wenig geweitet, 4 km nördlich verengt es sich wieder. Beliebtes Fotomotiv ist der **Igla** `2`, ein von der Mutterwand durch einen 2 m breiten Spalt abgetrennter ›Nadelfelsen‹. Bei Rogovilec, dem Startpunkt vieler Kanuten und Rafter, zweigt links das **Robanov kot** `3`, ein wild-romantisches Gletschertal, ab. Für den Verkehr weitgehend gesperrt, kann man hier herrlich wandern, z. B. zur Sennerei Robanov kot oder – in Begleitung eines Führers – zur Eishöhle Snežna jama. Bleibt man auf der Hauptstraße, lernt man **Solčava** `4` kennen, wo bewaldete Hänge an die Häuser heranrücken. Hier befindet sich das Center Rinka, ein modern gestyltes Holzhaus mit zentraler Touristinfo und Multimedia-Ausstellung; in einem Laden wird ausschließlich vor Ort Produziertes verkauft. An einer Gabelung nach weiteren 4 km geht es rechts zum Grenzübergang am Paulitschsattel (Pavličevo), links ins großartige **Logar-Tal** `5` (Logarska dolina). Das 9 km lange, meist nur 250 m breite Tal ist von über 2000 m aufragenden Felswänden begrenzt – ein Naturschutzgebiet mit Höhlen, Wasserfällen und einzelnen Höfen. Am Ende der Straße startet ein 20-minütiger Waldweg zur Savinja-Quelle, wo der Wasserfall **Slap Rinka** `6` in imposantem Bogen 80 m in die Tiefe stürzt. Für den ab hier folgenden 7 km langen Rundlehrpfad sind 3 Std. einzuplanen.

ÜBRIGENS

Die drei Seitentäler **Robanov Kot** `3`, **Logarska Dolina** `5` und **Matkov Kot** `7` wurden aufgrund ihres sanften Tourismuskonzepts zur ›European Destination of Excellence‹ erwählt.

INFOS/ÖFFNUNGSZEITEN
Anfahrt: Linienbusse 3 x tgl. ab Celje, mit dem Auto auch via Grenzübergang Paulitschsattel/Pavličevo (April–Nov. 7–22 Uhr). Auto- und Motorradfahrer müssen für den Eintritt ins Logar-Tal eine Tagesmaut entrichten.
TIC: Logarska Dolina, T 03 838 90 04, www.logarska-dolina.si
Center Rinka: Solčava, T 03 839 07 10, facebook: center.rinka

KULINARISCHES FÜR ZWISCHENDRIN
Gostilna Raduha `1`: Luče 67, T 03 838 40 00, www.raduha.com,

Abendessen 25 € p. P., 12 Zimmer und Komforthütten, DZ ab 75 €. Weitere Unterkünfte unter www.plesnik.si.

Faltplan: E 3 | Pkw-Tour ab Kamnik

Südwärts schließt sich der Slomškov trg mit der gotischen Danielskirche (Sv. Daniel) an.

Oberhalb der Stadt liegt die im 12. Jh. erbaute Burg Cilli. Unter der Regentschaft der Cillis war sie das mächtigste slowenische Bauwerk. Gut erhalten ist der Friedrichsturm, von dem man einen prachtvollen Blick bis zu den Steiner Alpen genießt (Stari grad, Cesta na grad 78, www.grad-celje.com, Mai–Sept. tgl. von 9 Uhr bis zur Dämmerung, 4 €; beim Kauf des Tickets für die Burg Cilli bekommen Sie einen Gutschein im Wert von 1 €, den Sie im Burgcafé, der Kavarna Veronika, einlösen können).

🛏 Freundlich
Evropa Celje
Mittelklassehotel mit 61 Zimmern und gründerzeitlicher Fassade am Eingang zur Altstadt. Sehr gutes Frühstücksbüfett.
Krekov trg 4, T 03 426 90 00, www.hotel-evropa.si, DZ ab 110 €

🛏 Cool
MCC Hostel
Herberge im Zentrum der Stadt mit Zwei- bis Achtbettzimmern (42 Betten), Radverleih und kostenlosem WLAN. Oft finden im Haus auch Konzerte statt mit guter Stimmung bis Mitternacht.
Mariborska 2, T 03 490 87 40, www.mc-celje.si, DZ ab 44 €

🍴 Im Wiener Stil
Café Evropa Celje
Das älteste Café bietet hauseigene Patisseriewaren in nostalgischem Ambiente.
Krekov trg 4, T 03 426 90 00, www.hotel-evropa.si, tgl. 11–22 Uhr

ℹ Infos und Termine
TIC Celje
Gegenüber dem Bahnhof erhält man u. a. Infos zu den Museen der Stadt.
Glavni trg 17, 3000 Celje, T 03 428 79 36, www.celje.si, Mo–Sa 10–19, So 10–13 Uhr

TIC Stari Grad Celje
Auch am Eingang zur Burg gibt es Karten und Broschüren.

Cesta na Grad 78, T 03 544 36 90, www.celeia.info, tgl. 9–20 Uhr, im Winter kürzer.

Sommer in Celje: Von Juni bis Sept. gibt es Konzerte, Ausstellungen und Straßen-Happenings, dazu ein mittelalterliches Fest auf der Burg mit Ritterspielen und Tanz.

IN DER UMGEBUNG

Industrie-Erbe
Velenje 🗺 F 3
Im Bergbaumuseum bringt ein 120 Jahre alter Aufzug die Besucher 160 m in die Unterwelt hinab, wo bis vor wenigen Jahren noch Braunkohle, das ›schwarze Gold‹, abgebaut wurde. In 90 Min. bekommt man einen Einblick in die Geschichte des Werks – Kinderarbeit, das Leben in Dunkelheit und Staub, die Heilige Barbara …
Muzej premogovništva Slovenije, Koroška cesta s/n, T 03 587 09 97, http://muzej.rlv.si/en, Di–So 8.30–16.30 Uhr, die letzte Tour startet um 14.30 Uhr, 11 €; weitere Infos, auch zur sehenswerten Burg, im TIC: Stari trg 3, www.velenje-tourism.si

Nekropole
Šempeter 🗺 F 4
9 km westlich von Celje wurde bei Erdarbeiten 1952 eine römische Nekropole entdeckt. Sie stammt aus dem 1.–3. Jh. und war bei einer Überschwemmung der Savinja 268 versunken. Die Grabmäler können im Archäologischen Park besichtigt werden.
www.td-sempeter.si, Juli/Aug. 10–18 Uhr, sonst kürzer, ab 5 €

Mineralquellen und Bier
Laško 🗺 F 4
Die ehemalige Sommerfrische Kaiser Franz Josephs I., zehn Kilometer südlich von Celje, ist ein beschaulicher Kurort mit einem Thermalzentrum unter einer riesigen Glaskuppel. Doch nicht nur Gesundes steht in Laško auf dem Programm: Hier werden die Biersorten Laško Pivo und Zlatorog hergestellt. Kommen Sie Mitte Juli nach Laško, erleben Sie das beliebte Bier- und Blumenfestival.

Novo Mesto ⌖ F 6

**Pharmazie, Textil- und Elektroin-
dustrie: Viel Industrie wurde um
die in einer Flussschleife der Krka
gelegenen Stadt angesiedelt. Sie
ist von sieben Hügeln umgeben
und Mittelpunkt der weinreichen
Region Dolenjska.**

›Neue Stadt‹
Im hübschen, mittelalterlichen Zentrum
am Steilufer laufen kopfsteingepflasterte
Gassen auf dem Glavni trg zusammen.
Im Osten steht das Franziskanerkloster
von 1472, westwärts kommt man zum
Regionalmuseum mit archäologischen
Fundstücken aus der knapp 3000-jäh-
rigen Stadtgeschichte sowie einer eth-
nologischen und einer kunstgeschicht-
lichen Abteilung (Dolenjski muzej,
Muzejska ul. 3, www.dolenjskimuzej.si/
si, Di–Sa 9–17, So 9–13 Uhr, 5 €). Die
auf dem Kapitelhügel thronende Kirche
Sv. Nikolaj (1428) schmückt ein Gemälde Tintorettos, das den Schutzpatron in
expressiver Pose zeigt.

❶ Infos
TIC Novo Mesto
Glavni trg 11, T 07 393 92 63, http://visitnovo
mesto.si

....

IN DER UMGEBUNG
....

Geisterburgen am Fluss
Žužemberk und Soteska ⌖ F 5
Über den Wasserfällen der Krka, 24 km
nordwestlich von Novo Mesto, thront
herrschaftlich die Burg **Žužemberk**
(www.zuzemberg.si), ab 1538 war sie
im Besitz der Adelsfamilie Auersperg.
Bei Kämpfen im Zweiten Weltkrieg
hat sie stark gelitten, doch ihrer
Schönheit hat dies keinen Abbruch
getan. Die Arbeit an der Pfarrkirche,
die den Heiligen Hermagoras und
Fortunatus geweiht ist, ist weitgehend
abgeschlossen, im Sommer finden Kul-
turveranstaltungen statt. Fotogen sind
auch die Ruinen der einst gewaltigen

Wie kommt die pralle **Birne** in die
Flasche? Die Mönche stülpen die
Flasche über die noch kleine, am
Baum wachsende Frucht, sodass sie
in diese hineinwächst. Wenn dann
die Birne reif ist, wird auch der
Schnaps eingefüllt.

Burg von **Soteska**. Von der mächtigen
Anlage hoch über dem Fluss sind nur
die efeuüberwucherten Mauern zu
sehen. Einzig intakt ist der barocke
Teufelsturm (Hudičev turn), den ein
gewisser Meister Almanach mit bunten
Fresken ausgeschmückt hat.

Kartäuserkloster
Pleterje ⌖ G 5
Östlich von Novo Mesto, auf dem Weg
nach Kostanjevica, lohnt ein Abstecher
via Šentjernej in das 1407 gegründete
Kloster Pleterje. Hinter den 3 m hohen
und 2,8 km langen Mauern leben noch
13 Kartäuser. Sie haben ein lebens-
langes Schweigegelübde abgelegt und
dürfen ihre Stimme nur zu gottesfürch-
tigem Gesang erheben. Damit sie nicht
von Besuchern in Versuchung geführt
werden, dürfen diese nur die Kloster-
kirche betreten: ein Meisterwerk der
Gotik mit fein gemeißelten Kreuzrip-
pengewölben. Eine Lichtbilderschau
informiert über das Leben und Wirken
der Kartäuser.
Im Klosterladen verkaufen die Mönche
duftende Kräutertees, süßen Honig
und Wein, Birnenschnaps und Ma-
genbitter – alles kommt aus eigener
Produktion.
An traditionelle Landwirtschaft
erinnert ein Freilichtmuseum (Skansen)
mit Bauernhäusern, Ställen und Heu-
schobern, bevölkert ist es von allerlei
Kleinvieh.
Kartuzija Pleterje, www.kartuzija-pleterje.si,
Mo–Sa 8–17 Uhr, Skansen, www.skansen.si,
Mo–So 9–17 Uhr, 4 €

12

Klöster, Burgen und ein Wasserschloss – an der Krka

Über Tuffterrassen rauscht der Fluss durch eine wildromantische Landschaft. An seinem Ufer stehen trutzige Bauten von Adel und Klerus: Bollwerke gegen das Osmanische Reich, das vom Balkan her Vorstöße gegen das christliche Europa unternahm.

ÜBRIGENS

Mokrice 3, die mächtige, im 16. Jh. erbaute und mit runden Ecktürmen verzierte Hotelburg, ist laut Zeitschrift Globo einer der ›54 schönsten Orte der Welt‹. Dennoch: Eine Renovierung des Hotels tut not!

Wasserschloss, Klöster und Thermen

8 km nordöstlich von Novo Mesto ein erstes romantisches Fotomotiv: das Schlosshotel **Otočec** 1 auf einer Insel der Krka. Der von Rundtürmen flankierte Renaissance-Bau ist durch zwei schmale Brücken mit dem Festland verbunden – genießen Sie den Blick bei einer Tasse Kaffee auf der Terrasse!

Nächste Station ist das Städtchen **Kostanjevica na Krki** 2. Um es besser verteidigen zu können, wurde es im 13. Jh. mit Hilfe eines Stichkanals in eine künstliche Insel verwandelt. Das reichte, um sich feindlicher Angriffe zu erwehren, selbst die Türken rannten vergeblich gegen die Insel an. Heute steht Kostanjevica unter Denkmalschutz. 1,5 km südlich liegt das gigantische, 1234 gegründete und 1786 von Kaiser Josef II. aufgelöste **Franziskanerkloster.** Heute beherbergt es eine Galerie mit Werken des aus Novo Mesto stammenden Malers Božidar Jakac (1899–1989).

Wer Wert auf Stil legt, bestellt ein Glas Wein in der **Burg Mokrice** 3 nahe der kroatischen Grenze. Das Restaurant bietet ›Feinstes vom Feinen‹, der englische Park verführt zu romantischen Spaziergängen. Zum Burgkomplex gehören auch Hotel, Golfplatz und Reitstall.

Thermalriviera

Wo die Krka in die Sava mündet, liegt die Kleinstadt **Brežice** 4. Die Burg aus dem 13. Jh. wird heute als historisch-ethnologisches Regionalmuseum genutzt (Posavski muzej). Freilich kommen die meisten Touristen nicht wegen der Burg

Mächtige Mauern, wehrhafte Türme – die Burg Mokrice stand schon im Mittelalter an einer Grenze.

hierher und auch nicht wegen der köstlichen, im Schlosskeller lagernden Weine – was sie lockt, ist vor allem die ›Thermal-Riviera‹ im 4 km südöstlich gelegenen **Čatež** `5`. In den 1960er-Jahren entstand hier ein Kurbad. Schon 1855 hieß es: »Die Einheimischen graben tiefe Löcher in den Sand, um sich im hervorsprudelnden heißen Wasser zu baden und anschließend in den Fluten der Sava zu kühlen.«

Was da als klassische Kneipp-Kur beschrieben wird, ist an den 42–63 °C warmen Quellen auch heute noch beliebt. Um sie herum sind Erlebnis- und Spaßbäder entstanden. Die Unterkunftspalette reicht vom Viersternehotel über Apartmentanlagen bis hin zu einem vom ADAC hochgelobten Campingplatz – mit Indianerhäuschen am Fluss.

T **THERME**

Zum Kurkomplex **Čatež** `5` gehören eine riesige Badelandschaft, mehrere Drei- und Viersternehotels (331 Zimmer) und der größte Campingplatz des Landes (Terme Čatež, Topliška cesta 35, T 07 493 67 00, www.terme-catez.si, DZ ab 150 €, Camping ab 45 €).

INFOS/ÖFFNUNGSZEITEN

Grad Otočec `1`: Grajska cesta 2, T 07 384 89 00, www.terme-krka.com, herrschaftliches Haus mit 15 Zimmern, DZ ab 275 €

Galerie Božidar Jakac: Grajska cesta 45, Kostanjevica na Krki, www.galerija-bj.si, Mai–Okt. Di–So 10–18, sonst 10–16 Uhr, 4 €

Hotel Golf Grad Mokrice `3`: Rajec 4, T 07 457 42 40, www.terme-catez.si/de/mokrice, exklusives Hotel mit 29 Zimmern, dazu ein englischer Garten und eine 18-Loch-Golfanlage, DZ ab 100 €

Posavski Muzej Brežice: Cesta prvih borcev 1, Brežice, www.pmb.si, Juli/Aug. Di–Sa 10–20, So 14–20 Uhr, sonst kürzer, 4 €

KULINARISCHES FÜR ZWISCHENDRIN

Im Fünfsternehotel **Grad Otočec** `1` haben Sie die Wahl zwischen informellen Menüs und *haute cuisine* bei Fackelschein: Wild und Flussfisch, Desserts aus hauseigener Konditorei und guter Wein (www.castle-otocec.com, tgl. 8–21 Uhr, Tagesmenü ab 30 €).

Faltplan: E 5/6–H 5 | Pkw-Tour ab Novo Mesto

Maribor und der Osten

Einer der Höhepunkte des Lent-Festivals: Mit einer Fackel in jeder Hand hat er sich graziös vom Sprungbrett gelöst und alle Schaulustigen hinter sich gelassen. So fliegt er an der Stadt vorbei, die sich hinter dem grünen Ufer versteckt – all die roten Ziegeldächer, Türme und wuchtigen Fassaden von Maribor! Auf dem Wasser tief unten wartet ein Rettungsboot, doch er wird es nicht brauchen – ein Meister des kurzen Flugs und der großen Freiheit! Schon bald wird er das Feuer im kühlen Wasser des Flusses löschen … Auch die Umgebung der Stadt hat ihren Reiz: Entdecken Sie jahrtausendealte Städtchen wie Ptuj, traditionsreiche Kurorte und die anmutigen Weinhügel rings um Jeruzalem!

Maribor 🗺 G 2

Die Drau (slowenisch: Drawa) trennt den mittelalterlichen Stadtkern von den modernen Vierteln der Neustadt. Mit viel EU-Geld wurden die Barock- und Renaissance-Fassaden prachtvoll herausgeputzt. Marburgs Künstler- und Theaterszene ist quirlig und aktiv, an Flussufer und in den angrenzenden Gassen gibt es viele gemütliche Treffs.

....
WAS TUN IN MARIBOR?
....

Sloweniens Zweitgröße

Die 112 000 Einwohner zählende Universitätsstadt ist das Zentrum der slowenischen Steiermark, nur 18 km liegt die zweitgrößte Stadt Sloweniens von der österreichischen Grenze entfernt. Auf einem Spaziergang durch die weitgehend verkehrsberuhigte Alt- und Innenstadt kommen Sie immer wieder an hübschen Plätzen vorbei: so am **Hauptplatz** 1 (Glavni trg) mit seinem Rathaus, der barocken Aloisiuskirche und der Pestsäule oder dem noch schöneren **Slomšek-Platz** 2 (Slomškov trg) mit klassizistischer Post und Universitätsbibliothek, dem Slowenischen Nationaltheater und der ursprünglich romanischen Kathedrale.

Bummeln durchs Flussviertel

Unterhalb der Stadt liegt das ehemalige Hafenviertel **Lent** (Lände = Landeplatz) mit zahlreichen Galerien, Bars und Cafés. Die schmalen Gassen sind bis heute nach den Handwerkern benannt, die hier im Mittelalter ihre Werkstätten hatten: Usnjarska (Ledererstraße), Mlinska (Mühlenstraße) oder auch Mesarski prehod (Durchgang der Fleischhauer). Am Flussufer steht das **Haus zur alten Rebe** 3 (Hiša Stara trta), hier wächst der guinnessamtlich älteste Rebstock der Welt. Zum Auftakt des großen Weinfests, das meist am letzten Sonntag im September stattfindet, werden ihr

zwischen 40 und 55 kg abgenommen. Aus den Früchten gewinnt man etwa 25 Liter Blauer Kölner – so heißt die archaische Rebsorte. Der kostbare Saft wird in dekorative, von Glas-Designer Oskar Kogoj entworfene Fläschchen gefüllt und mit Urkunde und Seriennummer versehen: ein Kultobjekt für Weinliebhaber in aller Welt. Doch auch wer zu einer anderen Zeit kommt, bleibt kein Kind von Traurigkeit. Das Haus zur alten Rebe beherbergt neben einem Museum zur Geschichte des Weinanbaus eine Vinothek, in der man die Tropfen der Region kosten und kaufen kann (T 02 251 51 00, tgl. 10–18, Mai–Sept. 10–20 Uhr, Eintritt frei).

Geht man am Ufer ein Stück Richtung Osten, kommt man zum mächtigen **Wasserturm** 4 (Vodni stolp), der um die Mitte des 16. Jh. zum Schutz vor den Türken erbaut wurde. 100 Jahre älter und bedeutend kleiner ist der **Judenturm** 5 (Židovski stolp), der das einstige jüdische Viertel vom Flussufer abgrenzt. Er beherbergt heute eine Fotogalerie (Židovska ul. 6, www.galerijastolp.com, Di und Mi 10–14, 15–18, Do–Sa 10–13 Uhr). Die **Synagoge** 6 nebenan, erstmals 1429 erwähnt, wurde nach der Vertreibung der Juden aus der Steiermark 1497 umgebaut und von Katholiken übernommen, ab dem 18.Jh. diente sie als Lagerraum. Heute dient sie als Kulturzentrum, es finden Konzerte und Ausstellungen statt (Židovska ul. 4, www.sinagogamaribor.si, Sa/So geschl.).

Geschichte der Region, populär aufbereitet

Um sich vor den Türken zu schützen, ließ Kaiser Friedrich III. 1478 die **Stadtburg** 7 (Mestni grad) errichten. Ab dem 16. Jh. stieg sie zur Residenz auf, bekam einen herrlichen Treppenaufgang und einen Festsaal mit reicher Stuckatur und Deckenbemalung. Heute beherbergt sie ein landeskundliches Museum, das suggestiv in Geschichte, Kunsthandwerk und Handel sowie die Kunstproduktion einführt. Auch viele Kuriosa entdeckt man: so einen habsburgischen Säbel, den der slowenische General Rudolf

Maister 1919 zerbrach, um mit der Donaumonarchie zu brechen und eine mit vielen Orden geschmückte Uniform, die Tito als oberster General der jugoslawischen Streitkräfte trug. Ein Highlight ist die historische Apotheke mit Laboratorium und Verkaufsraum, Drogenkabinett und originalen Apothekenbüchern (Pokrajinski muzej, Grajski trg 2–4, www.museum-mb.si, Di–Sa 10–18, So 10–14 Uhr, 5 €).

Auf ins Grüne

Im nördlich der Altstadt gelegenen **Mestni park** 8 (Stadtpark) sind exotische Bäume und Sträucher gepflanzt; drei Teiche wurden angelegt, nach denen auch das beliebte Ausflugslokal Pri treh ribnikih (▶ S. 96) benannt ist. Steigt man über den Stadtpark zu den Weinbergen empor, hat man einen herrlichen Blick auf Maribor – besonders schön vom Berg Piramida! Auf der anderen Flussseite, 6 km südwestlich von Maribor und erreichbar mit Stadtbus 6, beginnt das beliebte Naherholungsgebiet **Pohorje** 9. Nahe der oberen Seilbahnstation befindet sich das Hotel Bellevue (1050 m), der Bus fährt weiter bis zum Alpinhotel Areh (1250 m). Im Winter gehört Pohorje den Skifahrern, im Sommer wird gewandert; am Fuße des Pohorje-Gebirges wurden warme Heilwasser entdeckt (www.pohorje.org).

Ein besonders schönes **Marionettentheater** 10 befindet sich in einem mittelalterlichen, aufwendig sanierten Kloster am Flussufer. Gespielt wird auf mehreren Bühnen, alle ›Darsteller‹ werden in eigenen Werkstätten handgefertigt. Kommen Sie im August, erleben Sie ein dreiwöchiges Festival (Lutkovno Gledališče Maribor LGM, Vojašniški trg 2-A, T 02 228 19 70, www.lg-mb.si).

SCHLEMMEN, SHOPPEN, SCHLAFEN

In fremden Betten

Kühles Design
Hotel City Maribor 1

Das Hotel liegt nur wenige Schritte von der Drau entfernt, seine 78 Zimmer sind klimatisiert und schallisoliert. Großes Plus ist die Dachterrasse mit prächtigem Ausblick auf Fluss und Berge. Als Extraservice verleiht das Hotel Räder und E-Bikes. Wer mit dem

Maribors Marionettentheater ist das beste im Land – untergebracht in einem ehemaligen Kloster am Fluss.

eigenen Auto anreist, kann in der Tiefgarage des Hotels gegen Aufpreis parken.
Ul. kneza Koclja 22, T 02 292 70 00, www.hotelcitymb.si/de, DZ ab 115 €

In der Fußgängerzone
ibis Styles Maribor City Center ②
Mit dem Auto nicht leicht zu finden: Traditionsreiches Hotel in der Altstadt mit 71 Zimmern unterschiedlicher Qualität, beste Aussicht bieten die Räume im obersten Stock. Das Frühstücksbüfett im Wintergarten wird auch von den Gästen der zugehörigen Jugendherberge UNI (54 Zimmer) genutzt. WLAN und Radverleih gratis.
Volkmerjev prehod 7, T 02/250 67 00, DZ ab 78 €

HOSTEL

Wie man Häuser doch umwandeln kann! Aus der tristen Militärbäckerei entstand das bunte Kulturzentrum **Pekarna** ③ mit dem gleichnamigen Hostel, das 60 Personen in 16 Zimmern Platz bietet. Gut ausgestattet sind die Apartments mit eigener Küchenzeile und Balkon. Das Hostel liegt auf der südlichen Flussseite, 500 m von der Drau-Brücke entfernt, Parkplätze, WLAN und sogar Fahrräder sind kostenlos.
Ob železnici 16, T 059 18 08 80, www.german.hostelworld.com, DZ ab 63 €

🍴 Satt & glücklich

Im grünen Stadtpark
Pri treh ribnikih ①
Das Gasthaus ›Bei den drei Teichen‹ gibt es schon seit 300 Jahren. Die meisten Gäste zieht es auf die Terrasse, doch schön sitzt man auch im barocken Backsteingewölbe. Slowenische Küche, vorzügliche Rahmsuppe mit *štruklji* (Strudel) und Reh *(sirna)* nach Jägerart.

Ribniška 9, T 02 234 41 70, www.terme-maribor.si/sl/gostilna-pri-treh-ribnikih, Di–Fr 10–22, Sa, So 10–20 Uhr, ab 14 €

Trendy und kosmopolitisch
Rožmarin ②
Lokal mit hauseigenen Spezialitäten und mediterranen Gerichten, sehr gut ist z. B. das Roastbeef mit Gnocchi und Tomaten – und als Dessert Schokoladensoufflé mit Erdbeereis. Die Weinkarte ist so lang wie ein Roman, im zugehörigen Laden kann man die Tropfen kaufen.
Gosposka 8, T 02 234 31 80, www.rozmarin.si, Mo–Sa 11–23 Uhr, ab 12 €

Auf dem Kalvarienberg
Anderlič ③
Nördlich der Altstadt gelegenes Lokal mit Gartenterrasse. Serviert werden regionale Suppen und Gerichte, dazu gibt's Wein aus eigener Produktion.
Za Kalvarijo 10, T 02 234 36 50, Di–Sa 12–22, So bis 19 Uhr, ab 13 €

Balkan-Spezialitäten
Orient ④
Einfaches Lokal in Flussnähe: Burger und Čevapčiči frisch vom Grill, dazu Fladenbrot und danach ein türkischer Kaffee!
Taborska ul. 12, T 02 332 16 00, www.restavracija-orient.si, Mo–Sa 11–22, So 12–18 Uhr, Mixed Grill 11 €

🛍 Stöbern & entdecken

Gutes slowenisches Kunsthandwerk finden Sie im Laden des TIC, der Touristeninfo. Dort erfahren Sie auch, ob die Kellerei Vinag am Trg Svobode für Touren und Weinverkostung geöffnet ist. Eine gute Verkaufsadresse für Wein bleibt das **Haus zur Alten Rebe** ③ am Flussufer.

Wochenmarkt
Mariborska Tržnica ①
Nach der Renovierung soll er sich von der Koroška cesta bis zur Drau ausdehnen. Jeden Vormittag bekommt

MARIBOR

man hier Blumen und Kräuter, Obst und Gemüse.

Vodnikov trg 5–7, Di–Sa 7–13, So 7–12 Uhr

Öko-Markt 2

Treffpunkt gesundheitsbewusster Bürger, nebenbei entdeckt man auch interessante Souvenirs wie Honig- und Kräuterlikör.

Kmečka Ekološka Tržnica, Glavni trg, T 051 61 01 55, Fr 8–14 Uhr

⚙ Wenn die Nacht beginnt

Cafés und Künstlertreffs
Kulturstadt Maribor 1–8 ▶ S. 98

Trendy
Papagayo Bar 9

Gute Musik und gute Cocktails – ein Ort für die Reichen und Schönen der Stadt.

Gosposka 6, So geschl.

Cafés und Künstler-treffs – **Kulturstadt Maribor**

In der Provinzhauptstadt steht Genuss im Vordergrund. Hier findet man nicht nur die weltweit älteste Rebe und Vinotheken mit einladender Weinauswahl, sondern auch Jazzbars, schräge Cafés und Keller-Clubs am Fluss.

Treffpunkte tagsüber

Zum Auftakt empfiehlt sich ein starker Kaffee im **Pri Florjanu** ✹. In der einst ältesten Bäckerei der Stadt genießt man hausgemachte Konditoreiwaren in einem Ambiente aus warmen Tönen und klaren Formen, gut positioniert mit Aussicht auf die Florianssäule und den Burgplatz. Die mediterran inspirierte Küche bekommt gleichfalls gute Noten, auf Wunsch gibt es auch eine vegetarische Option.

Im Čajek können Sie aus einer Vielzahl von Teesorten wählen.

Am Westrand des Burgplatzes startet die belebte, Fußgängern vorbehaltene Slovenska-Straße, an der sich ein Café ans nächste reiht. Traditionsreich ist das **Astoria** ✹ mit seinem Sommergarten unter Säulenkolonnaden. Intimer ist das benachbarte **Čajek** ✹, das mit viel Edelholz nostalgisch eingerichtete ›Teehaus‹. Hier trifft sich eher das intellektuelle, studentische Publikum und genießt die riesige Auswahl frisch gebrühter Tees. Dazu wird die kalorienreiche Haustorte *(hišna torta)* bestellt.

Auch das **Ilich** ✹ ein Haus weiter hat einen Blick verdient, denn hier wird unter barocken Gewölben Maribors bestes Eis verkauft – ebenso hausgemacht wie die in der Vitrine ausgestellten Torten. Köstlich: das Tiramisu mit *biscotti à la Ilich!*

Durchgestylte Dandies und Bürger, die auf sich halten, trifft man in der **Gledališka Kavarna** ✹, dem Café neben dem Stadttheater auf dem Slomškov trg. Groß ist die Terrasse mit Blick auf die Kathedrale, ›sehen und gesehen werden‹ ist die Devise. Selbst abends ist es brechend voll, und das nicht nur, weil sich die Theaterbesucher hier treffen.

... abends und nachts

Weil der Wein aus der Region von Maribor so hervorragend schmeckt, läuten die Mariborčanci den Abend gern mit einem Glas *vino* ein – z. B. in der **Vinoteka** im alten Wasserturm (vodni stolp), wo Dutzende slowenischer Weine auf Lager liegen. Romantisch sitzt man im Garten am Ufer der Drava, nicht minder schön ist der Innenraum mit Backstein und pastellfarbenen Fresken.

Wer den Abend freilich lieber mit einem Guinness beginnt, geht in **Patrick's Pub** neben der Kathedrale. Entspannt und locker geht es hier zu, jeden Abend drängelt sich ein bunt gemischtes Publikum am Tresen, trinkt ein Bier nach dem anderen und stärkt sich mit deftigem Pub-Food.

Very relaxed ist auch der **Satchmo Jazz Club**, der sich im Keller einer Kunstgalerie verbirgt. Satchmo konkurriert mit Gajo aus Ljubljana um den Titel des beliebtesten Clubs im Land. Tief unter der Erde vergessen die Musiker die ›Welt da oben‹, lassen sich zu wilden Improvisationen inspirieren und die Zuhörer reißt es mit.

N NOCH WAS

Auch im **Haus zur Alten Rebe** 3 (▶ S. 94) könnte man sich treffen – dort freilich haben Touristengruppen die Einheimischen weitgehend verdrängt … Die ›alte Rebe‹ rankt an der Vojašniška 8 seit über 400 Jahren, und sie wird nicht müde, jedes Jahr Früchte zu tragen.

INFOS/ÖFFNUNGSZEITEN

Pri Florjanu 1: Grajski trg 6, www.priflorjanu.si, Mo–Fr 7–22, Sa 8–23, So 9–22 Uhr
Astoria 2: Slovenska 2, Mo–Do 7–24, Fr–Sa 8–1, So 9–22 Uhr
Čajek 3: Slovenska 4, www.cajek.com, Mo–Fr 7.30– 22, Sa 9–14, 17–22, So 15–21 Uhr
Ilich 4: Slovenska 6, tgl. 8–22 Uhr
Gledališka Kavarna 5: Slomškov trg, Mo–Fr 9–23, Sa 10–13 Uhr
Vinoteka Vodni Stolp 6: Usnjarska 10, www.vinotekamaribor.si, Mo–Do 10–22, Fr–Sa 10–24, So 10–14 Uhr
Patrick's Pub 7: Poštna 10, www.patricks-pub.si, Mo–Do 9–24, Fr 9–2, Sa 11–2, So 11–23 Uhr

Satchmo Jazz Club 8: Strossmayerjeva 6, www.satchmo.si, Di–Do 19–2, Fr/Sa bis 4 Uhr, mehrmals wöchentlich Live-Musik!

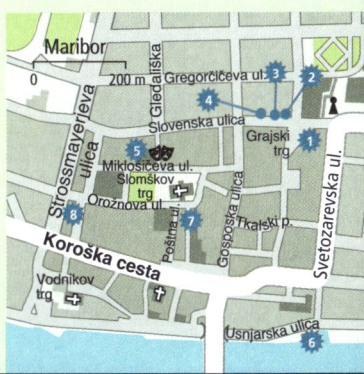

Cityplan: S. 97

Bei einem Club-Konzert im Rahmen des Lent-Festivals heißen die Musiker mächtig eingeheizt.

INFOS UND TERMINE

TIC
Die Touristeninformation hält Adressen für Radverleih bereit und vermittelt Privatzimmer; allerdings gibt es nur wenige Angebote in der Altstadt.
Partizanska cesta 6-A, 2000 Maribor, T 02 234 66 11, www.maribor-pohorje.si, Mo–Fr 9–19, Sa, So 9–17 Uhr

Festival Lent: Ende Juni. World Music, Jazz, Straßen- und Puppentheater erlebt man beim zweiwöchigen Open-Air-Festival am Ufer der Drau. Mehr Infos im Internet unter: www.festivallent.si
Festival Maribor: Sept. Zehn Tage lang finden u. a. im Theater und auf den Plätzen der Stadt Konzerte mit klassischer Musik statt. Infos: www.festivalmaribor.si/en
Festival der Alten Rebe: Ende Sept. Ist der älteste Rebstock der Welt abgeerntet, steigt ein großes Fest. Junger Wein fließt in Strömen, dazu heizen Musikgruppen ein.

IN DER UMGEBUNG

Mit drei Herzen im Logo
Radenci 🛱 H/J 2
Die Kleinstadt liegt idyllisch zwischen Weinhügeln, 40 km nordöstlich von Maribor. Doch nicht Wein hat den Ort berühmt gemacht, sondern das lokale Mineralwasser Radenska mit dem Markenzeichen der ›Drei Herzen‹. Zur Thermalbadelandschaft gehören die Viersternehotels Radin und Miral und das Dreisternehaus Izvir (www.sava-hotels-resorts.com). Weitere Thermalbäder gibt es in Banovci-Veržej, Moravske Toplice und Lendava.

Abenteuerliche Geschichte
Murska Sobota 🛱 J 2
50 km östlich von Maribor liegt Murska Sobota, das seit dem Mittelalter ungarisch war und 1919 zur Hauptstadt der Provinz Prekmurje im neuen ›Königreich der Serben, Kroaten und Slowenen‹, dem späteren Jugoslawien, aufstieg. Nach dem Balkanfeldzug war es ungarisch, vier Jahre später erneut Teil Jugoslawiens. Im Regionalmuseum lässt man die Geschichte der Region Revue passieren.
Pokrajinski muzej, Trubarjev drevored 4, www.pomurski-muzej.si, Mo geschl., 3 €

Ptuj 🛱 H 3

In Ptuj können Sie in geschichtliche Prozesse eintauchen, die bis zu 2000 Jahre zurückliegen: Die Stadt ist reich an Funden aus der Antike, erlebte eine erste Blütezeit unter römischer Herrschaft. Und es ist eine schöne Stadt: malerisch am Ufer der Drau gelegen!

Zurück in die Antike
Erstmals schriftlich erwähnt wurde Ptuj im Jahr 69 n. Chr., als sich Vespian zum römischen Kaiser wählen ließ. Ihren alten Namen Poetovio verdankt die Stadt dem römischen Kaiser Trajan, der ihr im 2. Jh. die Stadtrechte verlieh. Damals lebten 40 000 Menschen in der

PTUJ

Sehenswert

1. Stadttheater
2. Georgskirche
3. Altes Rathaus
4. Stadtturm
5. Orpheus-Denkmal
6. Dominikanerkloster
7. Burg
8. Ptujska klet

In fremden Betten

1. Mitra
2. Grand Hotel Primus
3. Dom KULTure muziKafe

Satt & glücklich

1. Amadeus
2. Ribič
3. Café Europa
4. The Legend Pub

Stöbern & entdecken

1. Markt

Stadt – eine Zahl, die nie wieder erreicht wurde (heute: 23 000!). Nach den Römern kamen die Hunnen, Awaren und Slawen; im Mittelalter war Ptuj Hauptort eines slawischen Fürstentums, später Sitz des Erzbistums von Salzburg. Der Niedergang der Stadt war vor allem den türkischen Überfällen im 17. und zahlreichen Bränden im 18. Jh. geschuldet.

Durch die Altstadt bummeln

Da ist viel zu entdecken: Am Flussufer stehen imposante Bürger- und Lagerhäuser, darüber erheben sich Türme und eine umfriedete Burg. Im Gewirr kopfsteingepflasterter Gassen befindet sich der stimmungsvolle Slovenski trg mit **Theater** 1 und **Georgskirche** 2, **Altem Rathaus** 3 und **Stadtturm** 4. Mittendrin erhebt sich das 5 m hohe, marmorne **Orpheus-Denkmal** 5. Vom Platz gelangt man über die Prešernova zum **Dominikanerkloster** 6 aus dem 13. Jh. Der romanische Kreuzgang und

die Kirche beherbergen römische Skulpturen aus dem alten Poetovio, die Krypta birgt die Replik eines Mithras-Tempels (Dominikanski samostan, Muzejski trg 1, www.pmpo.si/en, tgl. 10–18, im Winter bis 17 Uhr, Juli/Aug. Sa, So bis 20 Uhr, 6 €).
Ein Muss für Besucher der Stadt ist die über dem Kloster thronende **Burg** 7 (▶ S. 102). Schon im 5. Jahrtausend

R RARITÄT

Im 750-jährigen Weinkeller **Ptujska klet** 8 (1239) lagert Sloweniens ältester Archivwein anno 1917. Man wandert durch dunkle Kellergewölbe und kostet die Weine des Gebiets Haloze (Vinarski trg 1, T 787 98 10, www.pullus.si, Mo–Fr 9–15 Uhr).

#14

Geister und gruselige Gestalten – **in der Burg von Ptuj**

Hoch über dem Fluss thront eine mächtige Ritterburg **, deren beste Säle den Kurenti vorbehalten sind. Dabei handelt es sich um furchteinflößende Figuren mit Zottelhaar, Bockshörnern und rot bleckender Zunge. Jedes Jahr zu Karneval treten sie in Aktion.**

F
FASCHING

Kurentovanje: Zur Faschingszeit erlebt man die Kurenti live – eine teuflische Winteraustreibung! Am Aschermittwoch wird dann auch der Pust beigesetzt, jene Puppe, die alles Böse in sich vereint – nun ist der Frühling eingeläutet und das gute Leben kann beginnen! Infos: www. kurentovanje.net

Feudal – wohnen wie die Grafen

Nirgends in Slowenien können Sie sich so perfekt in vergangene Adelszeiten versetzt fühlen wie hier! Als die Familie von Herberstein am Ende des Zweiten Weltkriegs vor der anrückenden Partisanenarmee floh, ließ sie fast alles zurück – und so verwandelten sich ihre Möbel und Teppiche, Gemälde und Skulpturen in Ausstellungsstücke des neu geschaffenen Museums, Abteilung ›feudale Wohnkultur‹. Farblich raffiniert schildern die im 17. Jh. aus Seidengarn geknüpften Brüsseler Wandteppiche Szenen aus der »Odyssee«. Im Festsaal (Viteška Dvorana) ist Europas größte Sammlung ›türkischer‹ Porträts zu sehen: 47 Bilder von Frauen und Männern im Turban vor der Kulisse Konstantinopels, dazu Darstellungen ›edler Wilder‹ aus Afrika, Amerika und Asien. Die Künstler schufen die Porträts 1664 nach Berich-

Grellrote Gestalten beim Karneval von Ptuj – Vorfreude auf den Frühling?

ten von Joseph Herberstein, der kurz zuvor am Bosporus gewesen war – nie haben sie die Exoten mit eigenen Augen gesehen. **Musikinstrumente** der Herbersteins bilden den Grundstein der rund 300 Stücke umfassenden Burgsammlung. Darunter sind Flöten, Violen, Harfen, Klarinetten und Oboen, die auf Knopfdruck zu klingen beginnen. Weitere Höhepunkte gibt es im zweiten Stock. Im mystischen Schummerlicht werden **Meisterwerke europäischer Gotik** gezeigt, u. a. Darstellungen der hl. Katharina und der hl. Barbara, aus Sandstein geformt von Bildhauern aus Ptujska Gora.

Monströs – die Kurenti

Die Heiligenfiguren entsprechen dem bekannten christlichen Bilderkanon, was man von den Figuren in der angrenzenden Galerie nicht behaupten kann. Sie entstammen einer archaischen, vorchristlichen Fantasiewelt, für die die Natur noch voller Schrecken und Gefahren war. Die **Kurenti**, wie die mannsgroßen Gestalten genannt werden, scheinen geradewegs aus der Hölle zu kommen: Sie sind in zotteliges Schaffell gekleidet und tragen um die Taille einen Glockengürtel. Aus dem von Fell verhüllten Kopf hängt eine ellenlange rote Zunge, darüber starren martialische Hörner. Anderen Figuren wachsen Federn, mit grotesker Spitznase treten sie den schwarz oder rot gekleideten Teufeln entgegen. Diese haben ein Netz bei sich, mit dem sie die Seelen der Menschen einfangen wollen.

Bizarr sind auch die tierähnlichen Vierbeiner, pferdegroß und mit langem Hals, aufgerissenen Augen und gebleckter Zunge. Bären sind gleichfalls mit von der Partie, eine alte Frau trägt auf dem Rücken einen Mann. Harmloser muten die Orači an, Pflüger mit blauer Tracht und feschem Hut.

NOCH WAS

Wer nach dem Spektakel der Kurenti Ruhe braucht, steigt zur **Aussichtsterrasse** der Burg hinauf: Weit reicht der Blick über die Dächer der Stadt bis zum Fluss und ins grüne Umland!

Die Kurenti sind los! Mit gebleckter Zunge, weit aufgerissenen Augen und Zottelfell vertreiben sie den Winter.

INFOS/ÖFFNUNGSZEITEN

Grad Ptuj/Pokranijski Muzej Ptuj 7:
Na Gradu 1, Zugang über die ul. Grajska, T 02 787 92 30, http://pmpo.si, Juli–Aug. 9–18 (Sa/So bis 20), sonst tgl. 9–18 Uhr, Eintritt 6 €

KULINARISCHES FÜR ZWISCHENDRIN

Das **Café Europa** 3 ist das älteste der Stadt. Sie bekommen hier hervorragenden Kuchen!
Mestni trg 2, Mo–Fr 8–22, Sa 8–24, So 10–22 Uhr

Cityplan: S. 101

v. Chr. war der Hügel besiedelt, bot er doch größtmöglichen Schutz vor Angreifern. Die Römer errichteten hier ein Kastell und einen Tempel. Auf deren Ruinen bauten sich im 11. Jh. die Salzburger Fürstbischöfe eine standesgemäße Festung, von der sie 300 Jahre über die Erzdiözese von Pettau herrschten. Ihnen folgten Adelsgeschlechter, die die Burg dem jeweiligen Zeitgeist gemäß aufpolierten, ihr letzter Vertreter war die Familie von Herberstein.

··

SCHLEMMEN, SHOPPEN, SCHLAFEN

··

🏠 In fremden Betten

Freundlich und familiär
Mitra
Hotel in der Altstadt mit 29 gemütlichen Zimmern. Das Frühstück wird in der ›Theaterkammer‹ eingenommen, einem Café im Wiener Stil. Mit Sauna, Jacuzzi, Gratis-WLAN.
Prešernova ul. 6, T 02 787 74 55, www. hotel-mitra.si, DZ ab 112 €

Vor den Toren der Stadt
Grand Hotel Primus 2
Großes Hotel 2 km südlich der Stadt mit Wellnesscenter im römischen Stil, Pool Vespasianus und Sauna Flavia.

Angeschlossen: ein guter Campingplatz und Radverleih.
Pot v Toplice 9, T 02 749 45 00, www.sava-hotels-resorts.com, DZ ab 137 €

Szenetreff mit Muzi-Katz
Dom KULTure muziKafe 3
Kulturzentrum mit Café, Theateraufführungen, Konzerten und Kunstausstellungen, oft ist auch die Hauskatze dabei. Auch 7 hübsche bunte Zimmer stehen bereit – sehr zu empfehlen!
Vrazov trg 1, T 02 787 88 60, www.muzikafe.si, DZ ab 57 €

🍴 Satt & glücklich

Gutbürgerlich
Amadeus 1
Elegantes Restaurant mit Café unterhalb der Burg. Frau Mira serviert slowenische Küche nach alten Rezepten, zum Beispiel Hühnchenbrust Poetovio in Rahmsoße, Forelle Müllerin Art, Buchweizenkuchen und Topfenstrudel in diversen Varianten.
Prešernova 32, T 02 771 70 51, http://gostilna-amadeus.si, ab 11 €

Nicht mehr nur Fisch
Ribič 2
Lokal der gehobenen Preisklasse in einem 400-jährigen Haus; im Sommer

Entspanntes Speisen auf der Sommerterrasse des Lokals Ribič

mit großer Terrasse überm Fluss. Der
neue Koch sucht mit kreativer steirischer
Kost zu brillieren, fragen Sie nach den
Angeboten des Tages! Die guten Weine
kommen aus der Kellerei von Ptuj.

Dravska 9, T 02 787 75 60, facebook: gostilna
ribic, ab 13 €

Entspanntes Ambiente
The Legend Pub ❹
Freundliche Leute treffen sich hier zu
allen Tageszeiten: bei Kaffee, Bier und
dem wunderbaren slowenischen Wein.

Murkova ulica 6, facebook: The Legend Pub, Fr/
Sa bis 1.30, sonst bis 23 Uhr

*Jeden Tag neu – viel Frisches auf dem
Markt von Ptuj*

Stöbern & entdecken

Markt 🛈
Am Novi trg bieten jeden Vormittag
Bauern frisches Obst und Gemüse an.

INFOS

TIC
Touristeninfo gegenüber vom Stadtturm.
Es werden Privatzimmer vermittelt,
Stadtführungen angeboten und Fahrräder
ausgeliehen.

Slovenski trg 5, 2250 Ptuj, T 02 779 60 11,
www.ptuj.info, tgl. 9–18 Uhr

IN DER UMGEBUNG

Gotik vom Feinsten
Ptujska Gora 🗺 H 3
Die Wallfahrtskirche von Ptuj steht
12 km südwestlich und ist das schönste
Beispiel gotischer Architektur in
Slowenien. Die gotischen Formen aus
der Entstehungszeit um 1400 haben
sich bis heute erhalten, berühmt ist vor
allem die Schutzmantelmadonna im
Hauptaltar (1410), unter deren Mantel
80 geschnitzte Miniaturfiguren Schutz
suchen.

Wein zwischen Drau und Mur
Großartige Tropfen, anmutige Landschaft (▸ S. 106).

Erinnerungen an K.u.K.
Rogaška Slatina 🗺 G 4
Zu den beliebtesten Kurorten Sloweniens zählt das in einem Tal gelegene
Rogaška, bekannt für ›Donat Mg‹, ein
Mineralwasser mit hohem Magnesium-
gehalt. Die 1147 urkundlich erwähnte
Heilquelle ist die älteste des Landes
– schon die Römer ließen sich hier
Bäder erbauen. Im 19. Jh. wurde das
Thermalbad bevorzugte Adresse der
habsburgischen Elite, Kaiser Ferdinand I.
kam regelmäßig hierher und Franz Liszt
verzauberte seine Zuhörer im Ballsaal
des Grand Hotel Rogaška. Heutige
Besucher dürfen sich im Speisesaal,
auf der Terrasse und im Park ins 19. Jh.
zurückversetzt fühlen – mehrmals wöchentlich gibt es Konzerte (Grand Hotel
Rogaška: Zdraviliški trg 12, T 03 811 20
00, www.terme-rogaska.si, 194 Zimmer,
DZ ab 125 €).
Berühmt ist der Kurort auch für die hier
seit 1665 hergestellten hochwertigen
Glaswaren. Im Tourismusamt erfahren
Sie, wo Sie diese aktuell am besten
erwerben können (TIC Rogaška Slatina,
Zdraviliški trg 1, T 03 5 81 44 14, www.
rogaska-tourism.com, Mo–Fr 8–16, Sa
8–12 Uhr).

15

Reben und verträumte Dörfer – **zwischen Drau und Mur**

Lieblich ist die ›steirische Toscana‹ und exquisit sind ihre Weißweine. Probieren kann man sie in Gaststätten und kleinen Kellereien, während der herbstlichen Weinlese auch in improvisierten Buschenschänken.

Kleines Gebiet, große Tropfen

Die schönste der slowenischen Weinstraßen verläuft etwa 50 km östlich von Maribor und verbindet Ljutomer mit Jeruzalem und Ormož. Sie führt durch eine anmutige Landschaft mit Weinhügeln und terrassierten Hängen, Winzerdörfer thronen auf Bergkuppen und bieten ein herrliches Panorama. Aufgrund besonderer Böden reifen in dieser Region die unterschiedlichsten Reben. Die Palette reicht vom fruchtigen Chardonnay über diverse Riesling- und Burgundersorten bis zum halbsüßen Traminer und dem rassigen Furmint, hier Šipon genannt.

Nach Jeruzalem!

Südlich der Kleinstadt **Ljutomer** 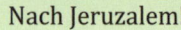 liegt das Filetstück der Region, der Jeruzalemer Landschaftspark mit sanft geschwungenen Hügeln. Zwischen den Rebstöcken klappert das Klapotetz, ein Windrad mit buntem Schlagwerk, das gierige Vögel davon abhalten soll, Trauben zu naschen. Über schmale, teilweise kurvige Straßen erreicht man das 7 km entfernte **Jeruzalem** **2**, ein Dorf im Herzen der Weinberge, das seinen Namen dem Deutschen Orden verdankt: 1222 hatte der Salzburger Erzbischof Eberhard II. Ritter des Deutschen Ordens in diese Region geholt, damit sie gegen die Ungarn kämpften. Die Kreuzritter erfüllten den Auftrag und waren von der Landschaft so begeistert, dass sie sich hier niederließen; dem von ihnen auserwählten Ort gaben sie den Namen der Heiligen Stadt. Die Ritter stifteten die Marienkirche samt Bildnis der aus Jerusalem mitgebrachten »Traurigen Madonna« und legten jene großen Weingärten an, die die Landschaft bis

ÜBRIGENS

Im Frühherbst, zur Zeit der Weinlese, öffnen allerorts **Buschenschänken.** Am Martinstag (11. November) wird der frische Most feierlich getauft. Dann fließt der Wein in Strömen, dazu gibt es geröstete Esskastanien und pikante, kegelförmige Käsestücke.

zum heutigen Tag prägen. Zu den Winzern, die das Erbe der deutschen Kreuzritter antraten, gehören die Betreiber des **Dvorec Jeruzalem** ❶, eines wunderschön gelegenen ›Weinschlösschens‹ aus dem 17. Jh. Stilvoll ist auch die **Gostišče Brenholc Jeruzalem** ❷, in der Spezialitäten à la Buchweizen-Sterz und Steinpilz-Steak, am Martinstag auch Gänse- und Entenbraten angeboten werden. Und wer nach zu viel Wein nicht weiterfahren will, kann in gemütlichen Gästezimmern übernachten.

Ormož

Das historische Städtchen **Ormož** ❸, 1273 erstmals urkundlich erwähnt, rühmt sich seiner erlesenen Weine. Wichtigster Produzent ist Jeruzalem-Ormož, dessen 1967 gebauter Weinkeller sich über fünf unterirdische Stockwerke erstreckt. In den mächtigen Eichenfässern im dritten Stock reifen Welsch- und Rheinriesling, Weißer und Grauer Burgunder und Grüner Silvaner. Auch der legendäre Sauvignon aus dem Jahr 1956 wird im Keller aufbewahrt. Es heißt, er sei der beste Wein des 20. Jahrhunderts. Zur Weinprobe im Vinska klet gibt es Käse und andere Appetithäppchen.

Weinlese in den Hügeln von Jeruzalem

INFOS

In **Ormož** ❸ erhalten Sie in der Touristeninformation Broschüren und aktuelle Tipps (Kolodvorska 9, T 02 741 53 56, tic.ormoz.grad@siol.net, Mo geschl.).

KULINARISCHES FÜR ZWISCHENDRIN

Dvorec Jeruzalem ❶: Jeruzalem 8, T 02 741 77 90, Di–Fr 12–20, Sa/So 12–22 Uhr, Archivweine lagern im Keller!
Gostišče Brenholc (Vinski hram) ❷: Jeruzalem 18, T 02 719 45 04, www. brenholc.com, tgl. 9–22 Uhr, Gasthof inmitten von Weinbergen
Vinska klet Jeruzalem Ormož ❸: Kolodvorska 11, Ormož, T 02 741 57 00, http://jeruzalem-ormoz.com/de, Besichtigung des Weinkellers Mo–Fr 7–15 Uhr, Weinprobe Mo–Fr 8–16, Sa 8–12 Uhr

Faltplan: J 2–3

Hin & weg

Mit dem Auto

Wer mit dem eigenen Wagen nach Slowenien reist, benötigt außer Führer- und Fahrzeugschein auch das Nationalitätenschild. Die Internationale Grüne Versicherungskarte wird für etwaige Schadensfälle empfohlen, ist aber nur für Bürger der Schweiz verpflichtend. Wer über die Alpen anreist, wird auf den meisten Strecken zur Kasse gebeten. Die Österreich-Vignette (z. B. 10 Tage 9 €, Einreisetag frei wählbar) kann man beim ADAC oder in grenznahen Tankstellen kaufen. Nicht geklebte, nur mitgeführte Vignetten sind ungültig! Die kürzeste Autostrecke führt über Salzburg und die Tauernautobahn nach Villach. Ljubljana ist von München in knapp fünf Autostunden erreichbar. Auch für die Benutzung der meisten slowenischen Autobahnen und Schnellstraßen sind Gebühren fällig. Die Vignette kann man im Voraus in den Automobilclubs ADAC und ÖAMTC kaufen, vor Ort an slowenischen Tankstellen und bei der Post. Für eine Woche sind 15 €, für einen Monat 30 € zu zahlen. Aktuelle Preisinfos findet man auf der Homepage der slowenischen Autobahngesellschaft DARS (www.dars.si). Mietet man ein Auto vor Ort, ist die Mautgebühr in der Regel im Preis enthalten.

Mit der Bahn

Die meisten Verbindungen laufen über München via Salzburg und Villach nach Ljubljana, von Österreich fahren auch Züge über Wien und Graz nach Maribor. Weitere Auskünfte über Verbindungen, Europa-Spezial-Tarif und Fahrradmitnahme erhält man in den Reisezentren der Deutschen Bahn, in Reisebüros mit DB-Lizenz, beim telefonischen Reiseservice 11861 sowie im Internet unter www.bahn.de (Deutschland), www.sbb.ch (Schweiz) und www.oebb.at (Österreich).

Mit dem Bus

Der Europabus startet von mehr als 80 deutschen Städten, Auskunft erteilt die Deutsche Touring GmbH (T 069 790 35 01, www.eurolines.de).
Eine preisgünstige Alternative ist Meinfernbus (T 030 300 13 73 00, www.meinfernbus.de).
Über Verbindungen aus Österreich und der Schweiz informieren die Fremdenverkehrsämter in Wien und Zürich.

Mit dem Flugzeug

Im internationalen Linienverkehr wird nur Ljubljana angeflogen. In gut einer Stunde erreicht man die slowenische Hauptstadt mit der Fluggesellschaft Adria Airways (www.adria.si) ab Hamburg, Frankfurt/Main, München, Zürich und Wien. Der Flughafen von Ljubljana (www.lju-airport.si) liegt 27 km nördlich der Hauptstadt und ist von 6 bis 22 Uhr geöffnet. Im Gebäude befinden sich Post, Bank und Autovermietung. Ein Flughafenbus (www.ap-ljubljana.si) fährt werktags stündlich, Sa/So alle zwei Stunden zum Bahnhof Ljubljana; die Fahrtdauer beträgt 45 Minuten.
Für Urlauber könnte es auch interessant sein, einen Flug nach Klagenfurt im Süden Österreichs zu buchen. Von dort gelangt man mit Bus in knapp einer Stunde nach Kranjska Gora (Slowenien). Bald soll es auch mehr Flüge nach Graz geben, von dort aus erreicht man Maribor mit dem Zug in 45 Minuten.

AIRPORT SHUTTLE

Besonders günstig: Airport Shuttle mit ZUP, z. B. vom Flughafen Ljubljana nach Bled für nur 13 € p. P., aber auch guter Service zu anderen Orten und zu den Flughäfen von Klagenfurt, Graz, Venedig u. a.: ZUP, T 00386 031 30 41 41, www.zup-prevozi.eu

---

EINREISE

Für einen Aufenthalt von max. drei Monaten ist ein gültiger Reisepass nötig. Bürger aus Deutschland, Österreich und der Schweiz benötigen zur Einreise einen gültigen Personalausweis oder Reisepass. Auch Kinder brauchen einen eigenen Pass. Ab einem Alter von zehn Jahren muss dieser vom Kind eigenhändig unterschrieben sein, der elektronische Pass mit integriertem Computerchip und Fingerabdrücken ist ab zwölf vorgeschrieben.

Für Hund oder Katze benötigt man einen EU-Heimtierausweis mit Name, Alter, Rasse und Geschlecht sowie den ärztlichen Nachweis einer 21 Tage vor Grenzübertritt durchgeführten Tollwutimpfung. Ein mit Zahlencode versehener Mikrochip muss unter die Haut im Nacken eingepflanzt sein. Infos: www.auswaertiges-amt.de

Zoll: Innerhalb der EU ist der Warenverkehr zollfrei, sofern die Waren für den persönlichen Bedarf und nicht für den Weiterverkauf bestimmt sind. Doch es gelten Höchstmengen: 800 Zigaretten oder 400 Zigarillos oder 200 Zigarren oder 1000 g Tabak, 10 l Spirituosen über 22 % Alkoholgehalt oder 20 l unter 22 % Alkohol sowie 90 l Wein und 110 l Bier. Für Bürger aus der Schweiz und aus Nicht-EU-Ländern sind die Freimengen niedriger: 200 Zigaretten oder 100 Zigarillos oder 50 Zigarren oder 250 g Tabak, 2 l Wein oder andere Getränke bis 22 % Alkohol sowie 1 l Spirituosen mit mehr als 22 % Alkohol.

INFORMATIONSQUELLEN

Slowenische Fremdenverkehrsämter
In Deutschland:
Maximiliansplatz 12-A
D-80333 München
T 089 29 16 12 02
www.slovenia.info
In Österreich:
Opernring 1/R/4/447, A-1010 Wien,
T 01 715 40 10, www.slovenia.info

Die im Buch angegebenen **Eintrittspreise für Museen** gelten für Erwachsene, 25–50 % Rabatt gibt es für Kinder, Schüler, Studenten und Rentner; für Kinder bis 6 Jahre ist der Besuch oft gratis.

In Slowenien:
Info-Büros (TIC, Turistično Informacijski Center) gibt es in der Hauptstadt Ljubljana sowie in allen wichtigen Orten Sloweniens. Die Adressen finden sich bei den jeweiligen Orten.

Informative Websites
www.slovenia.info: Die Website der slowenischen Tourismuszentrale macht Lust, das Land zu bereisen. Mit zuverlässigen Basisinfos zu Regionen und Städten, Unterkünften, Thermalbädern u.v.m.
www.slovenia.inyourpocket.com: Präsentation 16 slowenischer Städte.
www.outdooractive.com/de: Der Eintrag »Slowenien« (Suchfunktion) führt in ein Paradies voller Wandertouren.
www.drava.at: Der Klagenfurter Verlag gibt wichtige literarische Werke heraus, u. a. die Slowenische Bibliothek mit demnächst 30 Bänden – eine wahre Fundgrube!

KLIMA UND REISEZEIT

An der Küste herrscht mediterranes, ansonsten alpines bzw. mitteleuropäisches, nach Osten zu kontinentales Klima. Die Durchschnittstemperatur beträgt im Juli knapp 20 °C in Ljubljana und 23 °C in Piran; im Januar liegen die Werte bei 0 °C in Ljubljana und 6 °C an der Küste. Besonders niederschlagsreich sind die westlichen Julischen Alpen. Knapp 3000 mm beträgt die Niederschlagsmenge in Bovec. Im Osten des Landes, etwa in Maribor, werden nur 800 mm verzeichnet.

REISEN MIT HANDICAP

Der Veranstalter Weitsprung Marburg (www.weitsprung-reisen.de) bietet ›Reisen für behinderte und nichtbehinderte Menschen‹.

SICHERHEIT UND NOTFÄLLE

Slowenien gilt als ein sicheres Reiseland, doch sollte man im Hochsommer das beladene Auto nie unbewacht parken. Nach verlorenen Gegenständen erkundigt man sich bei der örtlichen Polizei. Beim Verlust des Ausweises erhält man gegen Vorlage der Kopie beim zuständigen Konsulat Ersatz, der zur einmaligen Ausreise berechtigt. Am besten vor der Reise digitale Kopien aller wichtigen Dokumente (Pässe, Ausweise, Kreditkarten) anfertigen, diese einscannen oder abfotografieren; die Bilddateien dann auf einem USB-Stick oder in einem Online-Speicher ablegen!

Notruf: 112 ist die zentrale Gratis-Notrufnummer für alle Fälle (Unfall, Krankheit, Feuer, Überfall).
Pannenhilfe AMZS: Tel. 1987 (slowenischer Automobilclub)
Karten sperren: T 0049 11 61 16 bzw. 0049 30 40 50 40 50
Deutsche Botschaft: T 01 479 03 00, www.laibach.diplo.de
Österreichische Botschaft: T 01 479 07 00, www.bmeia.gv.at/oeb-laibach
Schweizer Botschaft: T 01 200 86 40, www.eda.admin.ch/ljubljana

SPORT UND AKTIVITÄTEN

Das Freizeitangebot Sloweniens ist vielseitig. Wer nur ausspannen und sich eine schöne Zeit machen möchte, kommt ebenso auf seine Kosten wie der Aktivtourist, der gefordert sein will. Auf Wunsch verschickt das Fremdenverkehrsamt Spezialbroschüren mit vielen Details.

Baden
Im vergangenen Jahr wurden in Slowenien vier Strände, darunter die von Portorož und Strunjan, für ihre gute Wasser- und Strandqualität mit der Blauen Flagge ausgezeichnet. In Portorož, dem schönsten Sandstrand an der 47 km langen Küste, kann man außerdem segeln, surfen, tauchen und Wasserski fahren. Vielerorts gibt es nur Kiesstrand, in Piran begnügt man sich mit künstlichen Liegeflächen aus Fels und Beton.
Wer nicht aufs Meer angewiesen ist, macht einen Sprung in den slowenischen Norden: Wunderbar baden kann man in den Alpenseen von Bled und Bohinj sowie in den Gebirgsflüssen. Unter den Thermalbädern der Kurorte locken die Erlebnispools von Čatež die meisten Besucher an; über Reiseveranstalter kann man auch die Anlagen von Radenci und Rogaška Slatina, Olimia und Podčetrtek, Portorož und Strunjan buchen.

Radfahren
Für den 232 km langen Radrundweg von Kranjska Gora über Bled, Bohinj, Tolmin, Kobarid und Bovec zurück nach Kranjska Gora sind fünf Tage einzuplanen. Weitere schöne Touren führen durch die Täler der Savinja und Krka, den herben Karst, die Wälder bei Kočevje und die Weinhügel im Osten. Man sollte eine gute Kondition mitbringen, denn es müssen beträchtliche Höhenunterschiede überwunden werden. In Sportagenturen, oft auch in Hotels und auf Campingplätzen kann man Räder leihen. Slowenische Tourismusämter (vorbildlich Kranjska Gora) halten Karten mit ausgearbeiteter Tour und Höhendiagramm bereit. Infos: www.slovenia.info/de/aktivitaten/aktivurlaub/radfahren

Wandern
Slowenien verfügt über ein 8000 km langes Netz markierter und gesicherter Wege. Die meisten Wanderer trifft man in den Julischen Alpen. Im vorliegenden Buch werden drei besonders schöne

Wanderungen detailliert vorgestellt (▶ S. 18, S. 26, S. 34). Die Landkarten, die man in den Touristenbüros vor Ort erwerben kann, zeichnen sich durch sehr gute Qualität aus. Weitere Infos: www.slovenia.info/de/aktivitaten/aktivurlaub/wandern-und-rucksacktouren

Auf geht's – Schuhe schnüren für die Wandertour!

Wellness

An der Bruchlinie von Tiefland und Gebirge sprudeln warme Quellen an die Erdoberfläche. Einige von ihnen sind so mineralreich, dass sie sich als Gesundbrunnen einen Namen gemacht haben. Es gibt in Slowenien 18 staatlich anerkannte Heilbäder und 25 Kurzentren – die meisten im Osten und Südosten des Landes. Das wohltuende Thermalwasser hat eine Temperatur von 27–38 °C, sodass man schon im Winter Lust auf Badeurlaub bekommt. Neben klassisch-medizinischen Behandlungsmethoden wird Wellness groß geschrieben: Man entspannt Körper und Geist in römischen Bädern, in Sauna-Landschaften und bei Wassermassagen, lässt sich in Heilschlamm wickeln, mit Thalasso und Aromaölen verwöhnen. Traditionsreich sind die Kurbäder Bled, Radenci und Rogaška Slatina, einst Treffpunkte des habsburgischen Adels. Das Wasser ›Radenska – Drei Herzen‹ wurde ebenso am Wiener Hof wie im Vatikan getrunken; heute steht es auf jedem slowenischen Essenstisch. Aus Rogaška stammt Europas mineralreichstes Wasser, bekannt unter dem Namen ›Donat Mg‹. In Olimia und Čatež

setzt man auf weitläufige Spaß- und Erlebnisbäder, ausgestattet mit Luftgeysiren, Wasserfällen und künstlichen Wellen.

An sämtliche Kuranlagen sind Hotels und Campingplätze angeschlossen. Kombiniert wird das Wellnessprogramm mit Wandern und Radfahren, vier Kurorte (Bled, Čatež, Terme Ptuj und Moravske Toplice) verfügen zudem über 18-Loch-Golfplätze. Infos: http://de.slovenia-terme.si

Wildwassersport

An der Küste vergnügt man sich mit Tretbooten und Wasserski, auf den Alpenflüssen sucht man das Abenteuer beim Kajak- und Kanufahren sowie beim Rafting. Dabei steht die Soča an oberster Stelle der Beliebtheitsskala. Aktivsportler kommen im Spätfrühling nach der Schneeschmelze oder im Herbst, wenn es ausgiebig geregnet hat. Anfänger ziehen den Sommer vor – dann führen die Flüsse weniger Wasser und fließen ruhiger. Kurse und organisierte Touren werden bei den Agenturen in Bled, Bohinj, Tolmin und Bovec gebucht.

ÜBERNACHTEN

Das Spektrum reicht von der Campinghütte bis zum Bauernhof, vom Pensionszimmer bis zur Luxus-Suite – in Slowenien findet sich etwas für jeden Geschmack! Die Mehrzahl der Slowenienurlauber reist individuell, daher sind Reiseveranstalter nur in wenigen Küsten- und Kurorten aktiv. Die in diesem Buch aufgeführten Preise beziehen sich auf ein Doppelzimmer im Hotel mit Frühstück oder ein Apartment für zwei Personen. Zusätzlich ist je nach Region und Ferienziel eine Kurtaxe in Höhe von 1–2 € pro Übernachtung zu entrichten. Aufschläge sind an der Küste im Sommer fällig, in den Skigebieten im Winter. Für Einzelzimmer zahlt man meist 70 % des Preises vom Doppelzimmer, ein Zustellbett wird mit 30 % berechnet. Infos: www.slovenia.info

Privatzimmer und Ferienwohnungen

Preiswerte Privatzimmer (im DZ ab 14 € p. P. ohne Frühstück, zu Weihnachten ab 20 €) können in fast allen Ferienorten über die Touristeninfo TIC, oft auch bei Reisebüros gebucht werden. Kommt man an, wenn die Büros schon geschlossen sind, achte man auf Schilder mit der Aufschrift *sobe* (Zimmer) oder *privat*. Es wird zwischen Zimmern mit 1, 2 und 3 Sternen unterschieden – bei nur einem Stern teilt man sich das Bad mit anderen Personen. In einigen Orten werden auch Apartments und Ferienwohnungen angeboten. Bei einem Aufenthalt von weniger als drei Nächten ist ein Aufschlag zu zahlen. Info: www. slovenia.info

Camping

Die meisten der 42 slowenischen Campingplätze sind klein, aber herrlich gelegen und verfügen über Sportanlagen und Kinderspielplätze. Sie sind von Mai bis September, oft auch ganzjährig geöffnet. Besonders zu empfehlen sind die Anlagen in Kobarid (Koren), Bled, Bohinj und Ankaran sowie die an

---

MIT ÖKO-SIEGEL

Der romantische, mit Obst- und Laubbäumen bepflanzte **Kamp Koren** am Soča-Ufer hat schon viele Preise gewonnen. Für sein umweltfreundliches Konzept erhielt er nun auch das EU-Öko-Siegel. Die Anlage verfügt über Rad- und Kajakverleih, Kletterwand und Sauna; abends trifft man sich zu kleinen Speisen in der Blockhütte. Lidia Koren, die engagierte Besitzerin, hat auch fünf komfortable Öko-Holzhäuser im Angebot: Die Green Chalets bieten auf 100 m² zwei Schlafzimmer, Terrasse und Balkon, davor einen Kräutergarten, in dem man sich bedienen kann (Ladra 1-B, Kobarid, T 05 389 13 11, www.kamp-koren. si, ganzjährig, 60–200 €, mind. fünf Nächte).

Thermalbäder angeschlossenen von Čatež und Ptuj. Die im Buch angegebenen Preise gelten für 2 Erwachsene mit Kind inkl. Gebühren für Strom und warme Dusche. Infos: www.camping. info/slowenien/campingplaetze

Jugendherbergen

Die Zahl der Herbergen ist in den vergangenen Jahren gestiegen, einige sind ganzjährig geöffnet. Zu den besten (14–25 € p. P.) zählen die in Ljubljana, Piran und Bled, wo es Doppel- und Dreibettzimmer gibt. In Ljubljana und Maribor kann man sich auch in Hostels und Studentenwohnheimen einquartieren. Infos: www. youth-hostel.si

Touristische Bauernhöfe

Ferien auf dem Land: Diese Ferienform ist attraktiv für Familien, die mit dem Auto unterwegs sind. Die Häuser bieten gute einheimische Kost, dazu oft hausgemachten Wein. Vielerorts kann man Fahrräder, Kajaks oder Pferde ausleihen und erhält Tipps zum Wandern. Wer will, kann bei der Ernte oder der Versorgung der Tiere mithelfen. Die Bauernhöfe, auf denen sich Touristen einquartieren können, sind über das ganze Land verstreut. Auf der Website der Slowenischen Tourismuszentrale werden sie vorgestellt: www.slovenia.info.
Oder haben Sie vielleicht Lust speziell auf ein Häuschen in den Weinbergen? Auch das können Sie in Slowenien mieten! Infos: www.zidanice.si

Buchung

In den Sommerferien mag es schwierig sein, spontan eine Unterkunft zu finden – vor allem an der Küste empfiehlt sich eine frühzeitige Reservierung. Im Rest des Jahres hat man selten Probleme, nur in Ljubljana kann es im Frühjahr und Herbst, wenn Kongresse stattfinden, eng werden. Um telefonisch vorzubuchen, wählt man die Landesvorwahl 00386, danach die Vorwahl der Stadt (ohne Null) und anschließend die Nummer der gewünschten Unterkunft.

Drache und Dom – Ljubljanas Wahrzeichen

Buchungsportale

Erlebnisberichte zeigen Schwächen und Stärken einer Unterkunft auf. Allerdings müssen nicht alle Einträge korrekt sein. Im Kampf um Kunden schreiben Freunde (und Feinde) die Kommentare; auch sollte nicht vergessen werden, dass das Portal bei jeder Buchung mitverdient.

VERKEHRSMITTEL

Auto

Mietwagen erhält man am Flughafen sowie in größeren Städten.

Vignetten: ▶ S. 108

Tankstellen sind wochentags 7–20 Uhr, an Grenzübergängen und Autobahnen rund um die Uhr geöffnet.

Verkehrsregeln: Die Höchstgeschwindigkeit für Pkw beträgt auf der Autobahn 130 km/h, auf Landstraßen 90 km/h; innerorts darf nicht schneller als 50 km/h gefahren werden. Telefonieren ist während der Fahrt nur mit Freisprechanlage erlaubt. Es besteht Anschnallpflicht für Vorder- und Rücksitz, für Babys und Kleinkinder sind Kindersitze vorgeschrieben. Im Fahrzeug muss eine Warnweste vorhanden sein, die im Falle eines Unfalls anzuziehen ist. Auch Warndreieck und Verbandspaket müssen dabei sein. Das Alkohollimit liegt bei 0,5 Promille. Beim gesamten Überholvorgang muss der Blinker eingeschaltet sein, beim Zurückfahren Warnblinkanlage einschalten! Auch tagsüber ist mit Abblendlicht zu fahren. Vom 15. November bis 15. März sind Winterreifen Pflicht.

Bahn und Bus

Zugreisen sind in Slowenien bequem und preiswert. Die Zeiten für Abfahrt *(odhod)* sind auf gelben Tafeln, für Ankunft *(prihod)* auf weißen Tafeln angegeben! Buchung und Preisinfo: www.slo-zeleznice.si. Das Reisen mit dem Bus ist etwas teurer, am Wochenende sind nur wenige Busse im Einsatz. Infos: www.ap-ljubljana.si

Die schönste Zugfahrt: Auf der Strecke von Jesenice über Bled und Bohinjska Bistrica nach Most na Soči verkehrt 6–10 x tgl. ein Personenzug (gut 1 Std., ca. 15 €). Unterwegs wird der über 6 km lange Bohinjer Tunnel passiert, der in den Jahren 1901–1906 erbaut wurde und die nördliche und die südliche Seite der Julischen Alpen verbindet. An ausgewählten Tagen des Jahres wird auch ein Museumszug eingesetzt. Dampflokomotive und alte Waggons führen in die Zeit der österreichisch-ungarischen Monarchie zurück. Die Fahrt inkl. Ausflug nach Goriška Brda bzw. Most na Soči kostet 75 € und ist buchbar über T 00386 (0)59 07 05 10, www.abc-tourism.si.

Fahrrad

Immer mehr Nebenstraßen werden für Radler markiert. Viele Routen haben Bahnanschluss, an zentralen Punkten gibt es Parkplätze mit Info-Tafeln. Bei der Mitnahme im Gepäckwagen des Zuges richtet sich der Preis nach der Entfernung.

O-Ton Slowenien

Register

Das Klima im Blick

Reisen bereichert und verbindet Menschen und Kulturen. Wer reist, erzeugt auch CO_2. Der Flugverkehr trägt mit bis zu 10 % zur globalen Erwärmung bei. Wer das Klima schützen will, sollte sich – wenn möglich – für eine schonendere Reiseform entscheiden oder die Projekte von atmosfair unterstützen. Flugpassagiere spenden einen kilometerabhängigen Beitrag für die von ihnen verursachten Emissionen und finanzieren damit Projekte in Entwicklungsländern, die dort den Ausstoß von Klimagasen verringern helfen (www. atmosfair.de). Auch die Mitarbeiter des DuMont Reiseverlags fliegen mit atmosfair!

Abbildungsnachweis

DuMont Bildarchiv, Ostfildern: S. 46/47 (Heuer)

Fotolia, New York (USA): S. 120/9 (aarstudio); 11 (Epotok); 41 (Lutsyk); 17 (marimari57); 67 (Proma)

Getty Images, München: S. 38 (AWL Images/Pearson); 120/2 (Carr); 77 (Corbis/Hodalic); 30/31(E+/nullplus); 8/9 (Moment/Reid); Umschlagklappe hinten (Joel Rogers); 120/3 (John Rogers)

Glow Images, München: S. 120/4 (Imagebroker); 90 (Tips)

Huber-Images, Garmisch-Partenkirchen: S. 7 (Pearson)

iStock.com, Calgary (Kanada): S. 69 (gremlin)

laif, Köln: Titelbild, Faltplan, S. 104 (Boening/Zenit); 43 (Büssemeier); 23, 92/93 (Hahn); 120/5 (Heider-Sawall); 113 (hemis.fr/Patrice); 10, 54, 58, 64 (Heuer); 35 (Kürschner); 53 (Malherbe); 102, 103, Umschlagklappe vorn (Tuul & Morandi); 81 (Rabouan); 78 (Schwelle)

Mauritius Images, Mittenwald: S. 105 (Alamy/Behnke); 111 (Alamy/Fine Arts); 45 (Alamy/Gaborek); 14/15 (Alamy/Hare); 100 (Alamy/Huzjak); 16 (Alamy/Mackay); 98 (/Alamy/Middleton); 120/1 (Alamy/PjrTravel); 57 (Alamy/Realy Easy Star/Spagone); 120/7 (Alamy/Reinstein); 107 (Alamy/Robertson); 65 (Alamy/Rodwell); 29 (Alamy/Wild Places Photography/Howes); 20 o. (Alamy/Zoonar GmbH); 19, 22 (nature picture library/Munoz)

picture-alliance, Frankfurt a. M.: S. 120/8 (dpa); 120/6 (Reuters)

Schapowalow, Hamburg: S. 18 (Gräfenhain); 25 (Sime/Cogoli); 24 (Sime/Pavan)

Dieter Schulze, Bremen: S. 4, 20 u., 26, 28, 33, 44, 63, 70/71, 73, 86, 95

Zeichnung S. 3: Gerald Konopik, Fürstenfeldbruck

Zeichnung S. 5: Antonia Selzer, Lörrach

Zitat Umschlagklappe hinten: Eine Hand voll Schönheit, Drago Jancar, Die Zeit 15.04.2004 Nr. 17, Übersetzung Klaus Detlef Olof

Kartografie

DuMont Reisekartografie, Fürstenfeldbruck

© DuMont Reiseverlag, Ostfildern

Umschlagfotos

Titelbild: Ljubljana, Drachenbrücke und Dom St. Nikolai

Umschlagklappe hinten: Der Leuchtturm von Piran

Hinweis: Autor und Verlag haben alle Informationen mit größtmöglicher Sorgfalt geprüft. Gleichwohl sind Fehler nicht vollständig auszuschließen. Alle Angaben erfolgen ohne Gewähr. Bitte schreiben Sie uns! Über Ihre Rückmeldung zum Buch und Verbesserungsvorschläge freuen sich Autor und Verlag:

DuMont Reiseverlag, Postfach 3151, 73751 Ostfildern, info@dumontreise.de, www.dumontreise.de

FSC
www.fsc.org
MIX
Papier aus verantwortungsvollen Quellen
FSC® C124385

2., aktualisierte Auflage 2019
© DuMont Reiseverlag, Ostfildern
Alle Rechte vorbehalten
Autor: Dieter Schulze
Redaktion/Lektorat: Heike Pasucha, Marianne Bongartz
Bildredaktion: Stefan L. Scholtz
Grafisches Konzept: Eggers+Diaper, Potsdam
Printed in China

Kennen Sie die?

Alma Karlin
Eine exzentrische Welten-
bummlerin: reiste ab 1919
acht Jahre lang um die Welt
und verfasste exotische
Berichte.

Slavoj Žižek
Kommt aus Ljubljana: Philo-
soph und Psychoanalytiker,
unermüdlicher Querdenker
und Provokateur.

Siddharta
Die Rockgruppe ist nach
einem Roman von Hermann
Hesse benannt.

Klopotec
Vertreibt die Mitesser in den
Weinbergen des Ostens.

Peter Handke
Verlor im »Land seiner
Vorfahren« viele Freunde, als
er »Gerechtigkeit für Serbien«
forderte.

Marjan Šarec
Der Schauspieler und Kaba-
rettist wagte sich aufs Feld
der Politik – 2018 wurde er
zum Premierminister gewählt.

Melania Trump
Das ehemalige slowenische
Model ist America's First Lady.

Laibach
Die Musikgruppe irritierte ihr
Publikum mit Nazikleidung
und verfasste Texte gegen die
Kapitalherrschaft.

Giuseppe Tartini
Der Komponist und
›Teufelsgeiger‹ wurde in
Piran geboren.